Descobrir Jogos Online Grátis

Disponível Aqui:

**BestActivityBooks.com/FREEGAMES**

# 5 DICAS PARA COMEÇAR

## 1) CÓMO RESOLVER LAS SOPA DE LETRAS

Os puzzles têm um formato clássico:

- As palavras estão escondidas sem espaços ou hífenes,...
- Orientação: As palavras podem ser escritas para a frente, para trás, para cima, para baixo ou na diagonal (podem ser invertidas).
- As palavras podem sobrepor-se ou intersectar-se.

## 2) APRENDIZAGEM ACTIVA

Ao lado de cada palavra há um espaço para anotar a tradução. Para encorajar a aprendizagem activa, um **DICIONÁRIO** no final desta edição permitir-lhe-á verificar e expandir os seus conhecimentos. Procure e anote as traduções, encontre-as no puzzle e adicione-as ao seu vocabulário!

## 3) MARCAR AS PALAVRAS

Pode inventar o seu próprio sistema de marcação - talvez já use um? Pode também, por exemplo, marcar palavras difíceis de encontrar com uma cruz, palavras favoritas com uma estrela, palavras novas com um triângulo, palavras raras com um diamante, e assim por diante.

## 4) ESTRUTURANDO A APRENDIZAGEM

Esta edição oferece um **CADERNO DE NOTAS** prático no final do livro. Nas férias, em viagem ou em casa, pode facilmente organizar os seus novos conhecimentos sem a necessidade de um segundo caderno!

## 5) JÁ TERMINOU TODAS AS GRELHAS?

Nas últimas páginas deste livro, na secção **DESAFIO FINAL**, encontrará um jogo gratuito!

**Rápido e fácil!** Consulte a nossa colecção de livros de actividades para o seu próximo momento de diversão e **aprendizagem**, a apenas um clique de distância!

Encontre o seu próximo desafio em:

BestActivityBooks.com/MeuProximoLivro

# Aos vossos lugares, preparem-se...Vão!

Sabia que existem cerca de 7.000 línguas diferentes no mundo? As palavras são preciosas.

Adoramos línguas e temos trabalhado arduamente para criar livros da mais alta qualidade para si. Os nossos ingredientes?

Uma selecção de tópicos adequados à aprendizagem, três boas porções de entretenimento, e depois acrescentamos uma colherada de palavras difíceis e uma pitada de palavras raras. Servimo-los com amor e máximo divertimento, para que possa resolver os melhores jogos de palavras e se divirta a aprender!

-------

A sua opinião é essencial. Pode participar activamente no sucesso deste livro, deixando-nos um comentário. Gostaríamos de saber o que mais lhe agradou nesta edição.

Aqui está um link rápido para a sua página de encomendas:

## BestBooksActivity.com/Avaliacoes50

Obrigado pela vossa ajuda e divirtam-se!

*A Equipa Inteira*

# 1 - Dirigindo

益 拳 活 气 利 球 趣 跳 潜 品 营 执 照 松 足
织 行 读 体 绘 艺 击 足 交 法 燃 动 棒 针 暇
益 人 动 街 品 松 纫 足 通 绘 料 趣 乐 隧 露
魔 摄 织 益 益 阅 暇 趣 绘 乐 跳 魔 利 道 能
危 瓷 猎 乐 远 拼 足 品 营 潜 察 警 告 针 摄
狩 险 读 术 猎 趣 乐 利 狩 击 艺 陶 读 绘
趣 动 猎 纫 纫 园 球 乐 工 园 击 舞 松 狩 游
棒 工 摄 动 技 营 击 影 拼 益 读 松 狩 瓷
安 全 术 击 戏 棒 松 动 刹 利 活 绘 瓷 跳
工 拼 放 利 舞 拳 篮 利 松 车 托 摩 露 棒
暇 拼 利 工 利 纫 法 绘 术 益 技 绘 露 技
针 拳 拳 瓷 地 事 画 利 针 马 图 路 工 运
园 暇 摄 足 图 故 暇 图 品 达 园 画 利 输
球 趣 艺 狩 影 瓷 钓 拳 利 鱼 潜 戏 足 球
园 游 工 品 读 品 瓷 活 技 球 舞 车 车 库 跳

故车
事 汽车
燃料
警告
刹车
车库
气体
执照
地图

车
托 摩
马 达
行 人
危 险
警 察
安 全
运 输
交 通
隧 道

# 2 - Antiguidades

| | | | | | | | | | | | | | | |
|---|---|---|---|---|---|---|---|---|---|---|---|---|---|---|
| 棒 | 工 | 工 | 读 | 猎 | 影 | 棒 | 足 | 工 | 陶 | 织 | 狩 | 缝 | 拼 | 魔 |
| 球 | 格 | 品 | 利 | 家 | 舞 | 异 | 常 | 图 | 益 | 针 | 绘 | 影 | 法 |
| 拳 | 价 | 球 | 图 | 具 | 画 | 廊 | 击 | 鱼 | 暇 | 瓷 | 魔 | 读 | 戏 |
| 魔 | 值 | 硬 | 币 | 工 | 装 | 恢 | 复 | 鱼 | 魔 | 缝 | 拼 | 钓 |
| 世 | 品 | 工 | 暇 | 针 | 拍 | 针 | 能 | 猎 | 篮 | 针 | 拼 | 画 |
| 纪 | 正 | 宗 | 工 | 术 | 卖 | 性 | 拼 | 针 | 瓷 | 钓 | 术 | 拼 |
| 品 | 松 | 乐 | 拼 | 戏 | 舞 | 的 | 摄 | 趣 | 术 | 猎 | 足 | 纫 |
| 利 | 鱼 | 项 | 钓 | 工 | 针 | 瓷 | 益 | 球 | 狩 | 游 | 影 | 趣 |
| 摄 | 营 | 几 | 目 | 拼 | 益 | 跳 | 营 | 营 | 击 | 读 | 纫 | 缝 | 绘 |
| 摄 | 纫 | 暇 | 十 | 老 | 法 | 足 | 投 | 魔 | 能 | 猎 | 钓 | 潜 |
| 缝 | 雕 | 塑 | 松 | 年 | 活 | 陶 | 放 | 魔 | 动 | 摄 | 篮 | 能 |
| 击 | 益 | 动 | 能 | 技 | 暇 | 阅 | 篮 | 戏 | 戏 | 阅 | 法 | 露 | 活 |
| 乐 | 松 | 松 | 营 | 图 | 跳 | 益 | 画 | 能 | 术 | 活 | 棒 | 暇 | 法 |
| 潜 | 术 | 乐 | 图 | 能 | 游 | 图 | 趣 | 活 | 活 | 棒 | 拳 | 质 | 量 |
| 缝 | 利 | 篮 | 织 | 松 | 画 | 优 | 雅 | 拼 | 篮 | 拼 | 游 | 技 | 风 | 格 |

| | | |
|---|---|---|
| 艺术 | | 项目 |
| 正宗 | | 拍卖 |
| 装饰性的 | | 家具 |
| 几十年 | | 硬币 |
| 优雅 | | 价格 |
| 雕塑 | | 质量 |
| 风格 | | 恢复 |
| 画廊 | | 世纪 |
| 异常 | | 价值 |
| 投资 | | |

# 3 - Atividades

| 鱼 | 活 | 猎 | 摄 | 舞 | 放 | 舞 | 篮 | 园 | 品 | 钓 | 乐 | 暇 | 利 | 拼 |
|---|---|---|---|---|---|---|---|---|---|---|---|---|---|---|
| 松 | 击 | 暇 | 艺 | 画 | 品 | 阅 | 纫 | 陶 | 艺 | 图 | 动 | 趣 | 狩 | 乐 |
| 能 | 影 | 益 | 能 | 工 | 远 | 能 | 阅 | 针 | 读 | 拳 | 针 | 棒 | 影 | 影 |
| 织 | 舞 | 纫 | 拼 | 艺 | 营 | 针 | 篮 | 鱼 | 纫 | 露 | 图 | 摄 | 品 | 松 |
| 能 | 活 | 绘 | 潜 | 品 | 活 | 拳 | 足 | 艺 | 缝 | 营 | 能 | 狩 | 松 | 击 |
| 篮 | 技 | 魔 | 游 | 击 | 绘 | 钓 | 摄 | 戏 | 动 | 拳 | 球 | 图 | 摄 | 纫 |
| 狩 | 艺 | 读 | 图 | 拳 | 影 | 读 | 猎 | 摄 | 游 | 戏 | 织 | 术 | 趣 | 鱼 |
| 远 | 益 | 读 | 技 | 阅 | 图 | 狩 | 击 | 影 | 远 | 魔 | 潜 | 远 | 法 | 利 |
| 乐 | 影 | 绘 | 鱼 | 阅 | 法 | 动 | 猎 | 陶 | 鱼 | 法 | 松 | 足 | 远 | 利 |
| 篮 | 工 | 图 | 技 | 狩 | 跳 | 放 | 益 | 露 | 猎 | 园 | 园 | 棒 | 品 | 画 |
| 跳 | 鱼 | 钓 | 读 | 游 | 技 | 松 | 能 | 读 | 陶 | 营 | 利 | 足 | 动 | 能 |
| 针 | 松 | 猎 | 暇 | 潜 | 动 | 纫 | 阅 | 活 | 能 | 影 | 工 | 绘 | 织 | 陶 |
| 钓 | 活 | 动 | 远 | 园 | 趣 | 营 | 艺 | 远 | 松 | 影 | 法 | 暇 | 艺 | 瓷 |
| 鱼 | 动 | 魔 | 画 | 跳 | 动 | 影 | 益 | 活 | 品 | 画 | 术 | 影 | 影 | 球 |
| 利 | 益 | 技 | 棒 | 艺 | 放 | 暇 | 技 | 能 | 鱼 | 猎 | 瓷 | 工 | 阅 | 读 |

艺术
工艺品
活动
狩猎
远足
陶瓷
摄影
技能

利益
园艺
游戏
阅读
魔法
钓鱼
乐趣
放松

# 4 - Churrascos

```
魔 露 魔 织 洋 动 拳 瓷 潜 家 摄 益 游 活 音
能 烧 热 球 艺 葱 潜 蔬 放 庭 缝 术 能 绘 乐
放 盐 烤 织 园 球 活 菜 趣 影 足 舞 活 绘 瓷
篮 能 读 针 暇 动 游 活 乐 读 图 画 晚 餐 舞
影 绘 工 篮 松 狩 拳 摄 鸡 棒 放 画 舞 绘 动
园 魔 乐 狩 利 读 棒 篮 水 果 营 益 绘 鱼 放
摄 技 球 活 缝 读 阅 猎 瓷 暇 益 益 夏 天 乐
摄 魔 朋 露 陶 艺 钓 拳 潜 击 魔 潜 狩 戏 技
园 拼 友 织 刀 阅 狩 法 乐 狩 松 击 读 缝 织
能 午 乐 跳 动 舞 沙 拉 篮 松 艺 狩 棒 击 松
游 餐 园 园 松 影 园 球 趣 球 猎 读 乐 缝 缝
露 球 活 钓 胡 放 营 足 狩 陶 足 松 暇 露 露
益 魔 图 拳 椒 缝 暇 益 露 番 能 放 针 放 放
饥 饿 陶 戏 游 戏 画 球 舞 茄 鱼 品 动 放 针
球 乐 技 乐 球 绘 舞 利 能 技 工 舞 潜 舞 针
```

午餐　　游戏
朋友　　蔬菜
洋葱　　音乐
家庭　　胡椒
饥饿　　沙拉
水果　　番茄
烧烤　　夏天
晚餐

# 5 - Geologia

```
石 鱼 技 法 纫 石 球 放 瓷 活 足 绘 活 术 击
英 品 钓 松 放 笋 陶 乐 足 术 钟 品 动 营 潜
影 营 影 露 熔 露 远 技 篮 猎 乳 动 棒 活 纫
盐 化 石 篮 岩 钓 大 陆 舞 品 石 图 纫 术 瓷
品 狩 缝 瓷 读 活 潜 猎 针 营 纫 织 纫 园 拼
暇 击 戏 钓 品 地 震 拳 画 工 矿 足 松 拳 品
利 艺 阅 织 舞 跳 棒 针 图 技 水 物 篮 远 远
能 绘 拳 拳 营 绘 活 影 绘 阅 跳 晶 利 摄 图
艺 摄 钓 益 足 缝 技 摄 钓 读 影 影 游 珊 瑚
球 术 潜 拼 动 击 棒 侵 远 利 乐 品 戏 钓 篮
绘 能 益 魔 营 乐 魔 放 蚀 钙 能 针 猎 摄 法
高 原 暇 鱼 园 舞 足 织 游 区 陶 放 画 露 品
益 图 狩 读 击 露 艺 工 能 戏 放 纫 钓 绘 击
层 放 品 活 法 洞 穴 戏 益 益 猎 陶 陶 利 技
石 头 酸 技 拳 能 缝 戏 猎 远 乐 篮 艺 火 山
```

洞穴
大陆
珊瑚
水晶
侵蚀
钟乳石
石笋
化石

熔岩
矿物
石头
高原
石英
地震
火山

# 6 - Ética

针 瓷 绘 织 戏 纫 诚 狩 陶 乐 暇 哲 工 陶 绘
工 跳 拼 营 鱼 义 主 实 现 观 乐 学 读 游 阅
狩 图 击 放 鱼 合 织 陶 远 术 松 狩 击 游 游
利 宽 营 舞 园 性 理 露 远 远 潜 绘 戏 技 能
猎 容 陶 善 猎 乐 利 针 画 画 陶 益 画 读 动
远 游 放 良 影 狩 读 摄 术 篮 游 潜 仁 读 露
鱼 摄 猎 猎 狩 艺 拼 篮 利 陶 外 交 活 松 鱼
足 篮 智 慧 益 图 品 潜 暇 陶 戏 阅 露 的 利
猎 品 画 鱼 击 针 纫 猎 摄 品 能 艺 品 图 他
戏 棒 纫 影 鱼 游 纫 足 动 纫 艺 严 品 棒 主
戏 暇 绘 拳 术 远 技 潜 击 性 尊 敬 工 影 义
瓷 拼 益 乐 跳 绘 拼 跳 营 法 益 图 动 主
拼 图 织 缝 放 动 艺 放 陶 纫 图 魔 同 品 人
舞 击 纫 合 作 远 读 园 耐 正 同 松 工 品 个
影 陶 游 拼 技 读 能 趣 心 直 情 远 摄 棒 术

利他主义
仁慈
善良
同情
合作
尊严
外交
哲学
诚实
人性

个人主义
正直
乐观
耐心
理性
合理
现实主义
尊敬
智慧
宽容

# 7 - Tempo

| | | | | | | | | | | | | | | |
|---|---|---|---|---|---|---|---|---|---|---|---|---|---|---|
| 狩 | 摄 | 画 | 艺 | 球 | 术 | 绘 | 工 | 游 | 缝 | 针 | 影 | 瓷 | 营 | 动 |
| 拳 | 松 | 足 | 阅 | 放 | 足 | 瓷 | 球 | 能 | 图 | 中 | 影 | 园 | 画 | 品 |
| 术 | 远 | 陶 | 工 | 趣 | 狩 | 魔 | 早 | 动 | 游 | 午 | 织 | 远 | 潜 | 陶 |
| 活 | 画 | 活 | 松 | 工 | 现 | 在 | 晨 | 游 | 营 | 潜 | 趣 | 绘 | 织 | 图 |
| 舞 | 游 | 晚 | 未 | 来 | 图 | 阅 | 织 | 戏 | 绘 | 击 | 刻 | 拳 | 猎 | 针 |
| 狩 | 织 | 织 | 上 | 图 | 魔 | 篮 | 魔 | 术 | 猎 | 放 | 鱼 | 时 | 今 | 陶 |
| 足 | 能 | 世 | 纪 | 篮 | 暇 | 露 | 魔 | 品 | 钓 | 缝 | 影 | 钟 | 天 | 昨 |
| 针 | 益 | 瓷 | 技 | 园 | 缝 | 品 | 松 | 活 | 艺 | 乐 | 瓷 | 分 | 趣 | 戏 |
| 拼 | 摄 | 绘 | 年 | 周 | 露 | 工 | 图 | 陶 | 篮 | 击 | 以 | 跳 | 远 | 术 |
| 绘 | 纫 | 魔 | 织 | 松 | 艺 | 拼 | 松 | 动 | 小 | 动 | 前 | 摄 | 图 | 影 |
| 阅 | 阅 | 影 | 读 | 陶 | 针 | 钓 | 舞 | 乐 | 时 | 技 | 针 | 击 | 瓷 | 瓷 |
| 瓷 | 月 | 魔 | 魔 | 织 | 篮 | 魔 | 针 | 鱼 | 足 | 鱼 | 绘 | 狩 | 暇 | 针 |
| 术 | 游 | 乐 | 活 | 能 | 针 | 益 | 击 | 暇 | 跳 | 术 | 读 | 历 | 瓷 | 趣 |
| 球 | 潜 | 露 | 魔 | 趣 | 露 | 画 | 鱼 | 魔 | 画 | 拼 | 跳 | 日 | 品 | 针 |
| 足 | 狩 | 跳 | 阅 | 击 | 缝 | 远 | 十 | 年 | 每 | 狩 | 跳 | 针 | 瓷 | 拼 |

现在　以前　每年　日历　十年　未来　今天　小时

早晨　中午　分钟　时刻　晚上　昨天　时钟　世纪

# 8 - Astronomia

游 击 乐 绘 戏 益 球 座 星 行 小 纫 能 艺 活
织 画 狩 球 动 击 重 天 趣 云 瓷 动 松 潜 园
摄 钓 跳 织 松 拼 力 文 辐 天 文 学 家 针 术
鱼 猎 宙 宇 航 员 图 台 射 狩 魔 读 影 暇 太
超 新 星 击 利 棒 魔 阅 读 园 乐 远 球 蚀 阳
陶 篮 瓷 益 鱼 阅 戏 拼 露 远 瓷 击 工 艺 的
火 利 游 松 营 棒 潜 猎 园 艺 艺 乐 术 陶 织
箭 摄 能 球 绘 工 能 摄 法 松 纫 艺 击 钓 能
图 戏 行 猎 活 游 放 法 地 天 空 击 缝 陶 放
远 法 松 星 月 亮 画 瓷 益 影 技 纫 棒 法 跳
利 画 技 戏 星 系 画 拳 球 篮 球 棒 法 园 影
营 松 春 分 工 足 画 魔 拳 拼 纫 缝 品 舞 纫
拳 技 魔 法 艺 戏 松 艺 棒 技 品 潜 品 戏 篮
动 园 技 益 潜 艺 暇 品 术 游 图 针 篮 戏 读
放 动 击 放 篮 图 益 猎 松 影 松 瓷 流 星 舞

| | |
|---|---|
| 小行星 | 流星 |
| 宇航员 | 星云 |
| 天文学家 | 天文台 |
| 天空 | 行星 |
| 星座 | 辐射 |
| 春分 | 太阳的 |
| 火箭 | 超新星 |
| 星系 | 地球 |
| 重力 | 宇宙 |
| 月亮 | |

# 9 - Acampamento

| 趣 | 跳 | 篮 | 冒 | 品 | 画 | 纫 | 画 | 纫 | 魔 | 术 | 园 | 能 | 缝 | 拼 |
|---|---|---|---|---|---|---|---|---|---|---|---|---|---|---|
| 帐 | 瓷 | 拼 | 险 | 读 | 织 | 影 | 乐 | 鱼 | 拼 | 工 | 球 | 拳 | 绳 | 子 |
| 篷 | 营 | 拼 | 独 | 木 | 舟 | 工 | 球 | 技 | 摄 | 针 | 鱼 | 暇 | 山 | 陶 |
| 月 | 亮 | 舞 | 拳 | 足 | 艺 | 瓷 | 法 | 图 | 猎 | 画 | 园 | 瓷 | 技 | 技 |
| 游 | 戏 | 大 | 自 | 然 | 活 | 暇 | 利 | 暇 | 技 | 击 | 露 | 动 | 舞 | 魔 |
| 工 | 益 | 棒 | 图 | 游 | 罗 | 盘 | 术 | 影 | 戏 | 画 | 球 | 地 | 读 | 猎 |
| 园 | 设 | 魔 | 陶 | 画 | 戏 | 动 | 物 | 绘 | 影 | 技 | 钓 | 图 | 能 | 能 |
| 影 | 纫 | 备 | 瓷 | 动 | 放 | 趣 | 工 | 艺 | 篮 | 工 | 趣 | 击 | 瓷 | 缝 |
| 图 | 园 | 湖 | 针 | 魔 | 树 | 法 | 鱼 | 狩 | 画 | 乐 | 森 | 林 | 舱 | 跳 |
| 球 | 猎 | 游 | 拼 | 魔 | 益 | 木 | 猎 | 游 | 戏 | 画 | 戏 | 术 | 艺 | 技 |
| 能 | 趣 | 针 | 放 | 缝 | 鱼 | 趣 | 法 | 潜 | 缝 | 影 | 钓 | 艺 | 狩 | 园 |
| 阅 | 摄 | 暇 | 火 | 动 | 跳 | 篮 | 瓷 | 狩 | 猎 | 针 | 趣 | 魔 | 猎 | 放 |
| 猎 | 图 | 绘 | 暇 | 纫 | 品 | 影 | 趣 | 棒 | 缝 | 影 | 缝 | 狩 | 法 | 猎 |
| 吊 | 床 | 利 | 暇 | 营 | 游 | 游 | 营 | 绘 | 图 | 营 | 鱼 | 图 | 帽 | 子 |
| 钓 | 读 | 暇 | 鱼 | 潜 | 瓷 | 戏 | 魔 | 游 | 昆 | 虫 | 技 | 针 | 戏 | 缝 |

动物
冒险
树木
罗盘
狩猎
独木舟
帽子
绳子

设备
森林
昆虫
月亮
吊床
地图
大自然
帐篷

# 10 - Ficção Científica

| | | | | | | | | | | | | | | |
|---|---|---|---|---|---|---|---|---|---|---|---|---|---|---|
| 篮 | 纫 | 阅 | 读 | 魔 | 狩 | 舞 | 绘 | 益 | 舞 | 读 | 舞 | 活 | 暇 | 园 |
| 松 | 未 | 来 | 派 | 艺 | 露 | 品 | 击 | 品 | 品 | 动 | 乐 | 技 | 工 | 原 |
| 戏 | 鱼 | 反 | 爆 | 术 | 画 | 画 | 绘 | 工 | 暇 | 读 | 动 | 阅 | 营 | 子 |
| 放 | 猎 | 乌 | 炸 | 松 | 织 | 篮 | 露 | 动 | 技 | 戏 | 拼 | 虚 | 拼 | 品 |
| 动 | 场 | 托 | 趣 | 术 | 错 | 品 | 电 | 影 | 克 | 隆 | 神 | 秘 | 构 | 乐 |
| 书 | 景 | 邦 | 松 | 松 | 觉 | 营 | 技 | 棒 | 猎 | 营 | 拳 | 图 | 能 | 的 |
| 籍 | 趣 | 托 | 品 | 营 | 魔 | 甲 | 术 | 星 | 系 | 松 | 戏 | 机 | 器 | 人 |
| 世 | 界 | 乌 | 营 | 陶 | 园 | 骨 | 缝 | 跳 | 图 | 钓 | 击 | 影 | 潜 | 技 |
| 影 | 画 | 阅 | 绘 | 球 | 图 | 文 | 击 | 术 | 拳 | 鱼 | 乐 | 品 | 狩 | 园 |
| 纫 | 缝 | 陶 | 利 | 极 | 能 | 松 | 松 | 球 | 猎 | 瓷 | 拳 | 足 | 营 | 潜 |
| 篮 | 绘 | 缝 | 织 | 球 | 端 | 绘 | 织 | 狩 | 戏 | 读 | 暇 | 瓷 | 趣 | 趣 |
| 纫 | 动 | 益 | 球 | 篮 | 织 | 狩 | 球 | 艺 | 画 | 放 | 舞 | 露 | 阅 | 跳 |
| 摄 | 影 | 绘 | 影 | 击 | 篮 | 利 | 针 | 品 | 鱼 | 技 | 技 | 益 | 纫 | 火 |
| 缝 | 拼 | 足 | 趣 | 行 | 工 | 陶 | 狩 | 拼 | 动 | 益 | 摄 | 影 | 动 | 猎 |
| 钓 | 阅 | 图 | 暇 | 松 | 星 | 跳 | 猎 | 图 | 跳 | 术 | 工 | 读 | 猎 | 画 |

原子
场景
电影
克隆
反乌托邦
爆炸
极端
未来派
星系
错觉

虚构的
书籍
神秘
世界
甲骨文
行星
机器人
技术
乌托邦

# 11 - Mitologia

| 能 | 摄 | 嫉 | 妒 | 猎 | 术 | 鱼 | 缝 | 击 | 园 | 术 | 趣 | 放 | 图 | 绘 |
|---|---|---|---|---|---|---|---|---|---|---|---|---|---|---|
| 猎 | 读 | 绘 | 能 | 工 | 放 | 舞 | 戏 | 工 | 园 | 术 | 陶 | 狩 | 利 | 放 |
| 益 | 篮 | 足 | 读 | 图 | 活 | 缝 | 戏 | 摄 | 绘 | 织 | 趣 | 远 | 阅 | 动 |
| 潜 | 松 | 摄 | 技 | 画 | 猎 | 狩 | 篮 | 乐 | 缝 | 魔 | 足 | 读 | 游 | 法 |
| 松 | 棒 | 狩 | 舞 | 棒 | 拳 | 园 | 不 | 朽 | 动 | 潜 | 绘 | 影 | 益 | 击 |
| 园 | 拼 | 陶 | 棒 | 摄 | 瓷 | 园 | 文 | 化 | 陶 | 魔 | 凡 | 人 | 法 | 技 |
| 狩 | 露 | 潜 | 阅 | 篮 | 跳 | 拼 | 露 | 动 | 露 | 松 | 摄 | 戏 | 工 | 技 |
| 迷 | 宫 | 营 | 图 | 战 | 雷 | 放 | 摄 | 戏 | 击 | 拳 | 神 | 利 | 影 | 拳 |
| 图 | 乐 | 放 | 乐 | 击 | 士 | 益 | 游 | 足 | 法 | 技 | 奇 | 闪 | 电 | 技 |
| 拳 | 摄 | 陶 | 纫 | 棒 | 绘 | 行 | 为 | 利 | 篮 | 绘 | 陶 | 纫 | 生 | 松 |
| 松 | 动 | 力 | 量 | 乐 | 足 | 球 | 传 | 鱼 | 原 | 复 | 仇 | 女 | 术 | 物 |
| 益 | 乐 | 猎 | 松 | 钓 | 创 | 造 | 说 | 英 | 型 | 画 | 球 | 益 | 主 | 怪 |
| 露 | 影 | 暇 | 灾 | 钓 | 放 | 戏 | 潜 | 雄 | 工 | 陶 | 趣 | 缝 | 猎 | 角 |
| 益 | 法 | 暇 | 难 | 营 | 术 | 棒 | 能 | 击 | 摄 | 远 | 陶 | 狩 | 陶 | 拼 |
| 利 | 舞 | 画 | 技 | 术 | 钓 | 击 | 瓷 | 足 | 园 | 露 | 能 | 露 | 织 | 缝 |

原型
嫉妒
行为
创造
生物
文化
灾难
力量
战士
女主角

英雄
不朽
迷宫
传说
神奇
怪物
凡人
闪电
复仇

# 12 - Medições

| 读 | 益 | 阅 | 工 | 钓 | 钓 | 能 | 猎 | 绘 | 潜 | 狩 | 画 | 放 | 趣 | 法 |
|---|---|---|---|---|---|---|---|---|---|---|---|---|---|---|
| 动 | 钓 | 松 | 益 | 远 | 放 | 克 | 缝 | 钓 | 棒 | 魔 | 乐 | 阅 | 戏 | 阅 |
| 吨 | 狩 | 拳 | 图 | 盎 | 园 | 绘 | 暇 | 品 | 狩 | 织 | 暇 | 营 | 舞 | 利 |
| 缝 | 影 | 字 | 节 | 司 | 图 | 击 | 松 | 击 | 跳 | 阅 | 法 | 里 | 术 | 乐 |
| 拼 | 法 | 篮 | 舞 | 纫 | 影 | 摄 | 法 | 绘 | 图 | 跳 | 动 | 公 | 图 | 鱼 |
| 跳 | 艺 | 分 | 钟 | 足 | 拼 | 松 | 戏 | 足 | 瓷 | 足 | 潜 | 乐 | 斤 | 跳 |
| 绘 | 术 | 高 | 读 | 瓷 | 潜 | 能 | 陶 | 露 | 趣 | 动 | 画 | 击 | 绘 | 能 |
| 棒 | 绘 | 度 | 宽 | 趣 | 读 | 影 | 升 | 画 | 活 | 读 | 画 | 纫 | 技 | 露 |
| 放 | 摄 | 深 | 游 | 画 | 跳 | 篮 | 画 | 影 | 营 | 读 | 纫 | 针 | 图 | 足 |
| 拳 | 乐 | 影 | 品 | 摄 | 猎 | 瓷 | 球 | 猎 | 针 | 纫 | 乐 | 夸 | 脱 | 猎 |
| 露 | 跳 | 纫 | 戏 | 球 | 游 | 篮 | 陶 | 英 | 魔 | 缝 | 营 | 技 | 乐 | 猎 |
| 篮 | 缝 | 艺 | 读 | 舞 | 动 | 游 | 乐 | 猎 | 寸 | 工 | 利 | 厘 | 舞 | 益 |
| 篮 | 重 | 量 | 十 | 进 | 制 | 米 | 技 | 跳 | 织 | 瓷 | 画 | 绘 | 米 | 法 |
| 益 | 鱼 | 质 | 针 | 棒 | 品 | 放 | 鱼 | 益 | 能 | 法 | 远 | 击 | 长 | 度 |
| 卷 | 活 | 品 | 工 | 钓 | 营 | 鱼 | 摄 | 瓷 | 益 | 缝 | 图 | 术 | 阅 | 能 |

高度
字节
厘米
长度
十进制
宽度
质量
分钟

盎司
重量
英寸
深度
夸脱
公斤
公里

# 13 - Álgebra

影 摄 足 暇 园 远 缝 工 利 线 公 式 露 和 缝
图 法 解 棒 足 球 松 益 游 鱼 性 狩 缝 织 趣
术 方 决 潜 舞 魔 图 矩 击 利 分 数 利 织 乐
法 程 方 利 解 决 表 阵 因 狩 法 法 钓 营 能
摄 拼 案 利 暇 陶 松 画 素 拳 戏 阅 戏 舞 法
篮 技 瓷 阅 乐 远 瓷 游 品 活 趣 远 露 活 织
击 猎 钓 舞 舞 利 缝 工 营 艺 缝 钓 乐 绘 图
阅 瓷 鱼 瓷 摄 摄 括 游 幼 球 棒 拳 画 益 趣
问 松 品 动 放 瓷 号 潜 球 织 营 潜 瓷 艺 阅
动 题 绘 技 陶 简 暇 阅 暇 园 法 营 拳 利 术
阅 画 园 园 游 技 化 足 织 数 园 潜 放 暇 法
画 松 钓 露 无 鱼 活 零 针 量 棒 钓 游 营 幼
针 术 拳 足 限 钓 变 陶 陶 远 钓 游 足 艺 放
读 游 减 缝 钓 指 量 读 绘 陶 影 拳 艺 阅 营
暇 幼 法 拳 击 数 潜 暇 戏 鱼 魔 幼 击 利 瓷

图表
方程
指数
因素
公式
分数
无限
线性
矩阵

括号
问题
数量
解决
简化
解决方案
减法
变量

# 14 - Plantas

| 艺 | 露 | 艺 | 动 | 活 | 品 | 击 | 动 | 园 | 钓 | 绘 | 技 | 瓷 | 猎 | 暇 |
|---|---|---|---|---|---|---|---|---|---|---|---|---|---|---|
| 放 | 纫 | 森 | 林 | 钓 | 营 | 益 | 缝 | 能 | 远 | 足 | 影 | 猎 | 拼 | 读 |
| 棒 | 钓 | 鱼 | 戏 | 动 | 纫 | 根 | 草 | 树 | 叶 | 园 | 仙 | 纫 | 远 | 图 |
| 钓 | 放 | 图 | 能 | 露 | 图 | 摄 | 本 | 图 | 摄 | 游 | 人 | 阅 | 纫 | 能 |
| 艺 | 钓 | 篮 | 画 | 园 | 读 | 纫 | 植 | 益 | 影 | 暇 | 掌 | 钓 | 艺 | 营 |
| 肥 | 潜 | 游 | 纫 | 植 | 被 | 戏 | 物 | 陶 | 拼 | 利 | 瓷 | 潜 | 园 | 读 |
| 料 | 拳 | 缝 | 乐 | 松 | 花 | 瓣 | 球 | 纫 | 利 | 活 | 营 | 猎 | 瓷 | 营 |
| 常 | 春 | 藤 | 瓷 | 钓 | 活 | 陶 | 法 | 游 | 乐 | 游 | 针 | 树 | 图 | 击 |
| 图 | 园 | 棒 | 植 | 物 | 学 | 竹 | 子 | 戏 | 跳 | 露 | 利 | 读 | 艺 | 球 |
| 跳 | 影 | 魔 | 陶 | 露 | 魔 | 缝 | 陶 | 钓 | 陶 | 图 | 棒 | 舞 | 阅 | 营 |
| 营 | 灌 | 摄 | 术 | 能 | 狩 | 露 | 苔 | 游 | 游 | 纫 | 拳 | 针 | 活 | 法 |
| 草 | 木 | 钓 | 击 | 拼 | 趣 | 拳 | 藓 | 豆 | 艺 | 球 | 乐 | 暇 | 潜 | 织 |
| 放 | 技 | 花 | 品 | 钓 | 影 | 戏 | 纫 | 瓷 | 跳 | 钓 | 瓷 | 针 | 法 | 棒 |
| 缝 | 能 | 园 | 篮 | 远 | 图 | 艺 | 浆 | 摄 | 暇 | 植 | 物 | 游 | 术 | 鱼 |
| 利 | 动 | 篮 | 露 | 缝 | 益 | 摄 | 影 | 果 | 利 | 陶 | 法 | 术 | 动 | 拼 |

| | |
|---|---|
| 灌木 | 森林 |
| 浆果 | 树叶 |
| 竹子 | 常春藤 |
| 植物学 | 花园 |
| 仙人掌 | 苔藓 |
| 草本植物 | 花瓣 |
| 肥料 | 植被 |
| 植物 | |

# 15 - Veículos

影 工 地 益 球 舞 术 瓷 钓 远 织 钓 画 图 筏
陶 击 铁 读 趣 放 戏 术 营 钓 潜 图 织 跳 图
影 松 纫 画 跳 营 舞 读 魔 击 影 远 针 戏 戏
出 租 车 救 松 露 露 篮 工 拼 能 远 品 球 远
织 远 货 护 飞 机 马 达 猎 艺 汽 车 读 针 动
跳 魔 针 车 魔 球 拉 露 魔 暇 足 卡 板 织 放
动 利 自 能 摄 松 织 拖 篮 乐 绘 露 动 滑 松
针 乐 行 拼 能 火 箭 摄 术 足 狩 钓 品 园 鱼
缝 技 车 鱼 艺 活 利 趣 园 猎 画 艺 暇 暇 棒
潜 艇 画 球 舞 陶 直 升 机 球 击 品 大 读 活
术 鱼 跳 球 影 活 瓷 法 能 瓷 摄 纫 篷 拳 渡
钓 缝 乐 工 利 阅 猎 棒 织 品 狩 阅 车 胎 轮
园 益 艺 工 游 远 陶 露 技 船 狩 棒 技 魔 动
园 游 露 戏 狩 球 营 乐 图 益 织 缝 画 针 足
瓷 利 营 技 舞 园 画 击 猎 总 线 摄 缝 暇 松

救护车            直升机
飞机              滑板车
渡轮              地铁
自行车            马达
卡车              总线
大篷车            轮胎
汽车              潜艇
火箭              出租车
货车              拖拉机

# 16 - Engenharia

| 鱼 | 篮 | 读 | 法 | 戏 | 拼 | 运 | 足 | 戏 | 松 | 球 | 营 | 利 | 狩 | 游 |
|---|---|---|---|---|---|---|---|---|---|---|---|---|---|---|
| 缝 | 松 | 缝 | 活 | 园 | 纫 | 术 | 动 | 结 | 构 | 陶 | 狩 | 棒 | 足 | 狩 |
| 篮 | 球 | 能 | 游 | 园 | 摄 | 钓 | 暇 | 露 | 暇 | 读 | 露 | 技 | 图 | 球 |
| 棒 | 能 | 纫 | 鱼 | 远 | 魔 | 动 | 工 | 拳 | 角 | 露 | 足 | 园 | 营 | |
| 织 | 源 | 艺 | 画 | 能 | 品 | 球 | 读 | 机 | 度 | 益 | 计 | 算 | 益 | |
| 魔 | 摄 | 织 | 跳 | 术 | 钓 | 戏 | 马 | 动 | 读 | 品 | 图 | 表 | 影 | 球 |
| 击 | 戏 | 瓷 | 绘 | 能 | 远 | 缝 | 达 | 击 | 液 | 体 | 钓 | 力 | 量 | |
| 拳 | 游 | 艺 | 动 | 棒 | 篮 | 棒 | 球 | 拳 | 摩 | 织 | 织 | 园 | 测 | |
| 趣 | 能 | 远 | 稳 | 品 | 球 | 趣 | 乐 | 园 | 品 | 擦 | 阅 | 品 | 暇 | 术 |
| 针 | 直 | 戏 | 定 | 园 | 摄 | 拳 | 织 | 鱼 | 游 | 乐 | 舞 | 动 | 能 | 远 |
| 狩 | 径 | 轴 | 性 | 艺 | 术 | 游 | 益 | 摩 | 击 | 图 | 深 | 法 | | |
| 艺 | 棒 | 远 | 柴 | 油 | 绘 | 篮 | 松 | 画 | 击 | 织 | 动 | 织 | 度 | 摄 |
| 绘 | 园 | 活 | 活 | 舞 | 动 | 活 | 趣 | 戏 | 远 | 画 | 游 | 益 | 球 | |
| 露 | 放 | 击 | 球 | 潜 | 摄 | 缝 | 益 | 露 | 推 | 艺 | 图 | 足 | 能 | 乐 |
| 杠 | 杆 | 露 | 戏 | 分 | 配 | 园 | 棒 | 绘 | 进 | 园 | 拳 | 乐 | 益 | 园 |

杠杆
摩擦
角度
计算
图表
直径
柴油
分配
能源
稳定性

结构
力量
液体
机器
测量
马达
运动
深度
推进

| | | | | | | | | | | | | | |
|---|---|---|---|---|---|---|---|---|---|---|---|---|---|
| 技 | 乐 | 汤 | 松 | 绘 | 游 | 鱼 | 蔬 | 戏 | 瓷 | 蛋 | 服 | 松 | 水 | 法 |
| 勺 | 品 | 钓 | 瓷 | 活 | 棒 | 绘 | 菜 | 棒 | 利 | 糕 | 活 | 务 | 果 | 乐 |
| 织 | 子 | 利 | 陶 | 狩 | 画 | 影 | 放 | 狩 | 利 | 趣 | 品 | 员 | 足 |
| 放 | 露 | 拳 | 园 | 技 | 潜 | 暇 | 潜 | 狩 | 乐 | 远 | 艺 | 猎 | 远 | 针 |
| 艺 | 美 | 陶 | 篮 | 瓷 | 游 | 艺 | 开 | 狩 | 摄 | 益 | 法 | 猎 | 潜 | 拼 |
| 暇 | 味 | 篮 | 图 | 椅 | 子 | 叉 | 胃 | 狩 | 技 | 织 | 露 | 营 | 画 |
| 读 | 棒 | 球 | 饮 | 活 | 游 | 能 | 菜 | 陶 | 面 | 拳 | 钓 | 艺 | 影 |
| 游 | 暇 | 法 | 料 | 棒 | 舞 | 猎 | 织 | 法 | 条 | 缝 | 益 | 活 | 技 | 魔 |
| 益 | 拳 | 跳 | 松 | 画 | 术 | 利 | 营 | 盐 | 法 | 舞 | 舞 | 狩 | 工 | 陶 |
| 放 | 远 | 摄 | 益 | 放 | 魔 | 棒 | 趣 | 跳 | 影 | 织 | 影 | 营 | 摄 | 绘 |
| 缝 | 戏 | 棒 | 营 | 魔 | 能 | 棒 | 棒 | 品 | 利 | 狩 | 放 | 法 | 放 | 戏 |
| 园 | 晚 | 法 | 营 | 戏 | 阅 | 跳 | 跳 | 香 | 活 | 鱼 | 远 | 乐 | 松 | 放 |
| 画 | 园 | 餐 | 拳 | 缝 | 纫 | 冰 | 法 | 料 | 沙 | 拉 | 放 | 球 | 远 | 戏 |
| 乐 | 鱼 | 午 | 能 | 益 | 益 | 活 | 猎 | 放 | 足 | 球 | 球 | 戏 | 拳 | 法 |
| 松 | 术 | 足 | 摄 | 戏 | 乐 | 放 | 棒 | 陶 | 工 | 远 | 能 | 针 | 摄 | 篮 |

午餐  水果
开胃菜  服务员
饮料  叉子
蛋糕  晚餐
椅子  蔬菜
勺子  面条
美味  沙拉
香料

# 18 - Países #2

| | | | | | | | | | | | | | | |
|---|---|---|---|---|---|---|---|---|---|---|---|---|---|---|
| 针 | 艺 | 法 | 针 | 益 | 陶 | 鱼 | 益 | 绘 | 狩 | 趣 | 趣 | 击 | 希 | 陶 |
| 尼 | 泊 | 尔 | 老 | 拳 | 篮 | 远 | 鱼 | 术 | 击 | 益 | 纫 | 缝 | 腊 | 织 |
| 远 | 活 | 园 | 乌 | 挝 | 鱼 | 法 | 趣 | 跳 | 舞 | 工 | 园 | 读 | 篮 | 陶 |
| 趣 | 棒 | 织 | 克 | 益 | 游 | 国 | 法 | 趣 | 猎 | 术 | 品 | 缝 | 法 | 暇 |
| 日 | 技 | 舞 | 兰 | 乐 | 狩 | 纫 | 营 | 乐 | 狩 | 营 | 工 | 益 | 游 | 俄 |
| 活 | 本 | 牙 | 买 | 加 | 缝 | 狩 | 品 | 魔 | 足 | 钓 | 艺 | 术 | 游 | 罗 |
| 益 | 缝 | 益 | 图 | 哥 | 亚 | 棒 | 品 | 猎 | 摄 | 艺 | 舞 | 松 | 放 | 斯 |
| 技 | 叙 | 利 | 亚 | 西 | 尼 | 度 | 印 | 击 | 画 | 松 | 黎 | 魔 | 拼 | 戏 |
| 阅 | 摄 | 放 | 利 | 墨 | 巴 | 露 | 趣 | 游 | 坦 | 斯 | 基 | 巴 | 放 | 戏 |
| 丹 | 钓 | 狩 | 日 | 技 | 尔 | 绘 | 狩 | 乐 | 绘 | 松 | 能 | 篮 | 嫩 | 瓷 |
| 麦 | 跳 | 织 | 尼 | 潜 | 阿 | 织 | 潜 | 舞 | 活 | 鱼 | 击 | 利 | 摄 | 放 |
| 能 | 画 | 能 | 乌 | 干 | 达 | 爱 | 尔 | 兰 | 艺 | 图 | 拼 | 读 | 松 | 利 |
| 工 | 棒 | 海 | 地 | 艺 | 钓 | 远 | 趣 | 利 | 工 | 戏 | 跳 | 阅 | 技 | 猎 |
| 暇 | 技 | 读 | 工 | 松 | 技 | 趣 | 动 | 缝 | 术 | 乐 | 乐 | 击 | 潜 | 魔 |
| 织 | 能 | 索 | 马 | 里 | 瓷 | 瓷 | 品 | 图 | 露 | 画 | 技 | 鱼 | 趣 | 画 |

阿尔巴尼亚  
丹麦  
法国  
希腊  
海地  
印度尼西亚  
爱尔兰  
牙买加  
日本  
老挝  

黎巴嫩  
墨西哥  
尼泊尔  
尼日利亚  
巴基斯坦  
俄罗斯  
叙利亚  
索马里  
乌克兰  
乌干达

# 19 - Material de Arte

| 橡 | 利 | 阅 | 艺 | 拼 | 摄 | 狩 | 放 | 拳 | 露 | 魔 | 纫 | 黏 | 放 | 戏 |
| 皮 | 艺 | 艺 | 跳 | 足 | 击 | 术 | 足 | 摄 | 松 | 摄 | 放 | 活 | 土 | 园 |
| 鱼 | 陶 | 拳 | 拼 | 活 | 能 | 足 | 瓷 | 瓷 | 趣 | 暇 | 动 | 园 | 瓷 | 能 |
| 猎 | 缝 | 魔 | 舞 | 游 | 篮 | 木 | 炭 | 拳 | 钓 | 影 | 棒 | 远 | 放 | 跳 |
| 缝 | 趣 | 瓷 | 利 | 拼 | 游 | 瓷 | 趣 | 潜 | 狩 | 暇 | 拳 | 利 | 跳 | 露 |
| 暇 | 阅 | 远 | 拼 | 放 | 魔 | 舞 | 击 | 陶 | 绘 | 放 | 狩 | 园 | 能 | 足 |
| 桌 | 子 | 缝 | 图 | 陶 | 艺 | 园 | 针 | 刷 | 法 | 陶 | 狩 | 动 | 活 | 跳 |
| 胶 | 水 | 画 | 架 | 利 | 利 | 活 | 鱼 | 术 | 子 | 丙 | 放 | 球 | 放 | 水 |
| 球 | 画 | 趣 | 活 | 图 | 摄 | 拼 | 动 | 术 | 球 | 烯 | 油 | 漆 | 球 | 彩 |
| 墨 | 水 | 缝 | 纫 | 乐 | 摄 | 纫 | 能 | 鱼 | 术 | 酸 | 摄 | 拳 | 油 | 影 |
| 拳 | 乐 | 放 | 园 | 纸 | 缝 | 画 | 营 | 戏 | 术 | 纤 | 创 | 造 | 力 | 影 |
| 利 | 瓷 | 针 | 钓 | 动 | 陶 | 针 | 阅 | 缝 | 魔 | 维 | 舞 | 针 | 工 | 钓 |
| 猎 | 松 | 纫 | 跳 | 猎 | 颜 | 照 | 相 | 机 | 影 | 术 | 园 | 缝 | 戏 | 铅 |
| 粉 | 彩 | 影 | 动 | 鱼 | 色 | 狩 | 纫 | 瓷 | 拳 | 画 | 椅 | 露 | 戏 | 笔 |
| 狩 | 图 | 跳 | 狩 | 缝 | 松 | 缝 | 品 | 纫 | 针 | 利 | 子 | 魔 | 魔 | 法 |

| | |
|---|---|
| 丙烯酸纤维 | 颜色 |
| 橡皮 | 创造力 |
| 水彩 | 刷子 |
| 黏土 | 铅笔 |
| 椅子 | 桌子 |
| 木炭 | 粉彩 |
| 画架 | 墨水 |
| 照相机 | 油漆 |
| 胶水 | |

# 20 - Números

拼 乐 利 工 工 读 术 放 乐 陶 鱼 击 跳 园 技
十 五 趣 乐 松 拼 远 四 影 活 法 绘 跳 九 棒
品 足 跳 营 活 篮 潜 十 跳 游 动 零 趣 跳 图
画 读 影 乐 图 活 技 能 营 瓷 篮 园 图 营 纫
十 能 趣 瓷 术 篮 钓 十 画 法 绘 画 陶 园 击
进 潜 动 缝 潜 针 营 瓷 六 影 潜 猎 技 绘 狩
制 露 瓷 钓 鱼 二 十 松 园 十 术 品 五 足 影
篮 缝 游 针 活 舞 二 营 营 三 七 影 图 术 能
十 动 园 拳 术 乐 拳 能 游 十 游 园 绘 六
八 跳 织 戏 园 缝 缝 针 缝 趣 益 能 舞 品 影
八 瓷 利 篮 远 钓 术 魔 三 跳 陶 球 园 球 图
球 击 暇 远 拼 织 阅 游 绘 球 松 游 纫 一 钓
营 跳 摄 针 读 图 活 能 缝 篮 拳 动 针 露 活
猎 狩 潜 棒 陶 法 纫 艺 陶 跳 读 织 足 十 画
暇 品 露 利 乐 益 潜 暇 织 画 钓 拼 营 跳 画

十进制     十四
十六       十五
十七       十三
十八       二十
十二

# 21 - Física

```
摄 针 鱼 狩 篮 活 乐 陶 工 暇 动 跳 跳 营 艺
工 拼 击 密 度 速 工 放 戏 动 利 艺 放 气 绘
舞 远 击 重 力 松 艺 活 戏 摄 猎 舞 鱼 体 能
钓 魔 工 利 陶 篮 潜 磁 性 露 球 公 画 潜 工
潜 放 拳 暇 足 频 率 画 动 瓷 影 猎 式 纫 戏
瓷 足 园 棒 品 影 图 拳 棒 技 放 乐 影 棒 拳
织 艺 阅 乐 引 擎 乐 足 技 松 益 跳 魔 鱼 技
品 艺 钓 技 图 技 戏 读 乐 瓷 术 园 棒 动 鱼
品 活 分 子 远 术 针 影 绘 拳 球 放 跳 拳 游
力 学 画 原 粒 核 棒 图 拼 足 术 松 放 摄 球
拳 缝 摄 舞 能 露 能 远 相 术 论 放 园 摄 影
电 子 利 术 乐 缝 舞 影 对 论 园 化 学 的 混
陶 魔 棒 活 艺 放 利 跳 加 活 速 游 魔 遍 乱
质 量 摄 瓷 陶 术 利 阅 拳 球 度 魔 益 普 益
乐 图 击 织 技 露 画 拼 艺 绘 游 技 益 棒 摄
```

| | |
|---|---|
| 加速度 | 质量 |
| 原子 | 力学 |
| 混乱 | 分子 |
| 密度 | 引擎 |
| 电子 | 粒子 |
| 公式 | 化学的 |
| 频率 | 相对论 |
| 气体 | 普遍的 |
| 重力 | 速度 |
| 磁性 | |

# 22 - Especiarias

图球陶利魔狩足瓷拳品图洋葱活猎
动园摄胡营绘法猎益味道露魔影图戏
品棒拼图椒艺园狩艺艺鱼纫草影戏
工法球球摄鱼拳织远远甘益香丁益
桂陶露技鱼能艺远图图益香能利暇
肉豆蔻活猎潜露松画画能舞击法利
法织纫魔钓拳狩能能舞露利趣瓷香
松足足乐能织画放放篮露利趣活法
绘动益图露足读然盐猎鱼趣活钓钓
姜魔藏红花露法品跳动潜营棒拳园
豆苦魔松艺活酸蜜甜营棒跳品魔阅
球蔻咖喱松纫术魔篮跳品松活球
鱼瓷足益篮利拼益露放绘纫香拼大
棒远拼魔园术缝读钓拼读香戏菜蒜
瓷园技趣暇魔鱼拼纫摄工织

藏红花　　　　　　香菜
甘草　　　　　　　孜然
大蒜　　　　　　　丁香
酸的　　　　　　　甜蜜的
香草　　　　　　　茴香
肉桂蔻　　　　　　肉豆蔻
豆咖喱　　　　　　胡椒
洋葱　　　　　　　味道

# 23 - Países #1

| 艺 | 织 | 活 | 图 | 钓 | 放 | 纫 | 戏 | 活 | 柬 | 埔 | 寨 | 潜 | 松 | 游 |
|---|---|---|---|---|---|---|---|---|---|---|---|---|---|---|
| 塞 | 内 | 加 | 尔 | 动 | 远 | 读 | 摄 | 园 | 读 | 舞 | 陶 | 击 | 棒 | 趣 |
| 瓷 | 游 | 厄 | 露 | 篮 | 露 | 潜 | 钓 | 读 | 钓 | 棒 | 工 | 活 | 艺 | 陶 |
| 鱼 | 绘 | 趣 | 瓜 | 影 | 狩 | 足 | 戏 | 读 | 趣 | 暇 | 纫 | 击 | 足 | 绘 |
| 篮 | 远 | 远 | 暇 | 多 | 鱼 | 技 | 棒 | 益 | 品 | 印 | 度 | 技 | 放 | 戏 |
| 缝 | 鱼 | 法 | 猎 | 棒 | 尔 | 远 | 摄 | 暇 | 露 | 跳 | 画 | 织 | 摄 | 绘 |
| 足 | 猎 | 影 | 绘 | 瓷 | 西 | 班 | 牙 | 委 | 内 | 瑞 | 拉 | 陶 | 趣 | 拼 |
| 纫 | 球 | 绘 | 乐 | 放 | 巴 | 瓜 | 远 | 舞 | 技 | 狩 | 技 | 能 | 陶 | 绘 |
| 露 | 跳 | 挪 | 意 | 鱼 | 克 | 拉 | 伊 | 影 | 暇 | 猎 | 能 | 暇 | 放 | 放 |
| 能 | 棒 | 威 | 图 | 大 | 拿 | 加 | 织 | 马 | 里 | 以 | 色 | 列 | 暇 | 技 |
| 乐 | 阅 | 拼 | 乐 | 瓷 | 利 | 尼 | 针 | 拿 | 乐 | 摩 | 技 | 鱼 | 画 | 游 |
| 戏 | 钓 | 纫 | 放 | 乐 | 魔 | 潜 | 园 | 巴 | 舞 | 足 | 洛 | 拳 | 影 | 图 |
| 纫 | 跳 | 营 | 艺 | 阅 | 读 | 露 | 能 | 阅 | 潜 | 德 | 国 | 哥 | 波 | 兰 |
| 埃 | 及 | 放 | 瓷 | 品 | 针 | 针 | 摄 | 绘 | 益 | 足 | 篮 | 瓷 | 绘 | 芬 |
| 鱼 | 篮 | 活 | 钓 | 猎 | 阅 | 品 | 游 | 织 | 拼 | 瓷 | 击 | 技 | 球 | 猎 |

德国　　　　　　　意大利
巴西　　　　　　　印度
柬埔寨　　　　　　马里
加拿大　　　　　　摩洛哥
埃及　　　　　　　尼加拉瓜
厄瓜多尔　　　　　挪威
西班牙　　　　　　巴拿马
芬兰　　　　　　　波兰
伊拉克　　　　　　塞内加尔
以色列　　　　　　委内瑞拉

# 24 - A Mídia

| | | | | | | | | | | | | | | |
|---|---|---|---|---|---|---|---|---|---|---|---|---|---|---|
| 击 | 活 | 营 | 读 | 篮 | 钓 | 露 | 收 | 音 | 机 | 数 | 跳 | 放 | 放 | 法 |
| 陶 | 园 | 读 | 钓 | 技 | 技 | 露 | 活 | 营 | 营 | 字 | 远 | 工 | 术 | 摄 |
| 暇 | 篮 | 利 | 艺 | 缝 | 瓷 | 露 | 利 | 钓 | 艺 | 读 | 技 | 读 | 益 | 陶 |
| 狩 | 瓷 | 针 | 艺 | 动 | 猎 | 远 | 远 | 魔 | 报 | 动 | 鱼 | 陶 | 钓 | 技 |
| 魔 | 趣 | 棒 | 跳 | 工 | 针 | 篮 | 戏 | 趣 | 纸 | 动 | 击 | 趣 | 舞 | 图 |
| 营 | 摄 | 暇 | 潜 | 陶 | 乐 | 沟 | 阅 | 拳 | 棒 | 知 | 趣 | 能 | 舞 | 摄 |
| 绘 | 影 | 棒 | 瓷 | 工 | 法 | 通 | 篮 | 画 | 魔 | 识 | 能 | 意 | 能 | 见 |
| 潜 | 缝 | 读 | 营 | 业 | 事 | 活 | 瓷 | 阅 | 网 | 分 | 能 | 松 | 意 | 篮 |
| 读 | 活 | 动 | 艺 | 织 | 实 | 暇 | 暇 | 资 | 金 | 上 | 绘 | 营 | 松 | 趣 |
| 远 | 篮 | 棒 | 图 | 松 | 篮 | 戏 | 工 | 络 | 陶 | 瓷 | 足 | 本 | 营 | 术 |
| 足 | 图 | 暇 | 趣 | 艺 | 击 | 益 | 网 | 趣 | 暇 | 图 | 术 | 拼 | 本 | 地 |
| 教 | 育 | 像 | 营 | 个 | 猎 | 绘 | 利 | 动 | 读 | 篮 | 园 | 狩 | 拼 | 拼 |
| 态 | 陶 | 瓷 | 击 | 人 | 艺 | 露 | 织 | 跳 | 影 | 魔 | 拼 | 益 | 狩 | 纫 |
| 度 | 照 | 趣 | 电 | 视 | 技 | 能 | 针 | 读 | 戏 | 版 | 拼 | 本 | 跳 | 露 |
| 棒 | 能 | 片 | 露 | 陶 | 游 | 趣 | 艺 | 足 | 读 | 露 | 技 | 绘 | 露 | 活 |

态度
沟通
数字
教育
事实
资金
照片
图像
个人

工业
知识分子
报纸
本地
网上
意见
收音机
网络
电视

# 25 - Casa

| | | | | | | | | | | | | | |
|---|---|---|---|---|---|---|---|---|---|---|---|---|---|
| 窗 | 拳 | 棒 | 房 | 活 | 拼 | 家 | 具 | 针 | 读 | 图 | 技 | 读 | 织 | 拳 |
| 狩 | 帘 | 园 | 益 | 间 | 狩 | 陶 | 技 | 活 | 品 | 戏 | 猎 | 球 | 钓 | 乐 |
| 法 | 狩 | 活 | 鱼 | 陶 | 松 | 动 | 车 | 厨 | 房 | 画 | 益 | 缝 | 术 | 暇 |
| 艺 | 足 | 猎 | 潜 | 法 | 技 | 阅 | 库 | 图 | 织 | 淋 | 图 | 远 | 动 | 品 |
| 鱼 | 图 | 篮 | 能 | 镜 | 乐 | 技 | 露 | 拼 | 狩 | 浴 | 天 | 花 | 板 | 艺 |
| 图 | 墙 | 营 | 阅 | 子 | 益 | 放 | 门 | 击 | 栅 | 栏 | 针 | 猎 | 拳 | 魔 |
| 画 | 书 | 花 | 园 | 棒 | 篮 | 暇 | 影 | 跳 | 松 | 绘 | 跳 | 绘 | 品 | 技 |
| 动 | 击 | 馆 | 陶 | 技 | 营 | 瓷 | 读 | 缝 | 击 | 纫 | 技 | 缝 | 跳 | 园 |
| 游 | 瓷 | 营 | 放 | 钓 | 营 | 放 | 纫 | 龙 | 头 | 织 | 游 | 园 | 舞 | 远 |
| 趣 | 术 | 游 | 地 | 毯 | 能 | 瓷 | 跳 | 园 | 露 | 放 | 足 | 球 | 棒 | 足 |
| 拼 | 艺 | 绘 | 放 | 壁 | 露 | 艺 | 戏 | 戏 | 球 | 拼 | 织 | 针 | 园 | 陶 |
| 陶 | 舞 | 魔 | 纫 | 炉 | 魔 | 能 | 松 | 营 | 篮 | 图 | 击 | 读 | 影 | 棒 |
| 游 | 魔 | 放 | 品 | 能 | 棒 | 阁 | 利 | 摄 | 游 | 阅 | 舞 | 品 | 篮 | 动 |
| 扫 | 读 | 舞 | 缝 | 利 | 缝 | 楼 | 瓷 | 钓 | 技 | 鱼 | 窗 | 户 | 绘 | 猎 |
| 帚 | 露 | 画 | 影 | 舞 | 能 | 缝 | 远 | 钥 | 匙 | 法 | 利 | 动 | 利 | 球 |

图书馆　　　　　　　花园
栅栏　　　　　　　　壁炉
钥匙　　　　　　　　家具
淋浴　　　　　　　　房间
窗帘　　　　　　　　阁楼
厨房　　　　　　　　地毯
镜子　　　　　　　　天花板
车库　　　　　　　　龙头
窗户　　　　　　　　扫帚

# 26 - Vegetais

| 趣 | 游 | 棒 | 读 | 绘 | 潜 | 品 | 图 | 法 | 缝 | 魔 | 法 | 利 | 跳 | 击 |
|---|---|---|---|---|---|---|---|---|---|---|---|---|---|---|
| 松 | 艺 | 游 | 钓 | 远 | 葱 | 潜 | 影 | 阅 | 活 | 图 | 芜 | 菁 | 法 | 纫 跳 |
| 绘 | 松 | 画 | 舞 | 戏 | 洋 | 舞 | 活 | 击 | 击 | 露 | 棒 | 戏 | 品 | 露 |
| 术 | 松 | 猎 | 绘 | 放 | 潜 | 足 | 暇 | 活 | 针 | 织 | 足 | 营 | 足 | 钓 |
| 绘 | 姜 | 术 | 动 | 活 | 品 | 影 | 篮 | 击 | 摄 | 萝 | 钓 | 园 | 利 西 | 织 |
| 潜 | 读 | 鱼 | 潜 | 营 | 艺 | 工 | 能 | 园 | 针 | 卜 | 拳 | 绘 | 兰 | 品 |
| 露 | 蘑 | 放 | 瓷 | 读 | 拳 | 工 | 趣 | 番 | 茄 | 萝 | 球 | 益 | 花 | 益 |
| 菠 | 能 | 菇 | 戏 | 活 | 摄 | 拳 | 缝 | 纫 | 远 | 胡 | 大 | 蒜 | 鱼 | 益 |
| 菜 | 香 | 画 | 工 | 魔 | 茄 | 戏 | 跳 | 暇 | 游 | 篮 | 钓 | 舞 | 鱼 | 猎 |
| 陶 | 针 | 图 | 绘 | 品 | 子 | 能 | 能 | 戏 | 跳 | 松 | 园 | 画 | 绘 | 拼 |
| 图 | 露 | 绘 | 跳 | 露 | 魔 | 工 | 魔 | 潜 | 远 | 绘 | 织 | 篮 | 鱼 | 拳 |
| 舞 | 利 | 图 | 品 | 放 | 松 | 能 | 沙 | 拉 | 园 | 芹 | 菜 | 动 | 松 | 读 |
| 拳 | 动 | 鱼 | 缝 | 技 | 篮 | 读 | 缝 | 缝 | 钓 | 狩 | 朝 | 露 | 品 | 影 |
| 戏 | 摄 | 织 | 狩 | 潜 | 土 | 阅 | 球 | 摄 | 影 | 击 | 鲜 | 狩 | 影 | 猎 |
| 黄 | 瓜 | 南 | 纫 | 乐 | 能 | 豆 | 豌 | 放 | 魔 | 益 | 蓟 | 陶 | 绘 | 陶 |

南瓜
芹菜
朝鲜蓟
大蒜
土豆
茄子
西兰花
洋葱
胡萝卜

蘑菇
豌豆
菠菜
芜菁
黄瓜
萝卜
沙拉
香菜
番茄

# 27 - Balé

跳 观 棒 艺 营 活 跳 画 益 活 艺 活 狩 阅 益
魔 众 作 曲 家 球 针 纫 营 魔 舞 跳 乐 露 能
摄 阅 益 舞 击 营 游 游 画 击 狩 艺 绘 队 松
游 游 活 趣 球 影 趣 读 鱼 松 棒 术 音 乐 技
图 工 实 践 放 园 动 活 游 陶 舞 的 利 弦 织
工 钓 富 露 陶 读 瓷 工 织 艺 足 拼 绘 管 纫
魔 技 能 有 绘 戏 动 利 工 足 篮 法 猎 游 强
拳 舞 法 拳 表 法 击 陶 针 能 缝 术 益 度
术 者 魔 球 影 现 瓷 园 读 绘 动 节 奏 画 篮
纫 织 阅 鱼 拼 陶 力 营 绘 摄 技 松 艺 舞 艺
影 魔 营 棒 工 阅 编 动 乐 工 益 魔 魔 魔 钓
乐 缝 球 鱼 狩 摄 舞 艺 肌 肉 营 鱼 技 缝 针
松 鱼 游 摄 风 陶 狩 阅 织 魔 缝 拼 技 画 棒
术 手 球 品 格 掌 声 足 独 戏 放 品 术 摄 能
球 纫 势 篮 魔 松 影 活 法 奏 游 钓 瓷 拼 篮

掌声
艺术的
作曲家
编舞
舞者
风格
富有表现力
手势
技能

强度
肌肉
音乐
管弦乐队
实践
观众
节奏
独奏
技术

| | | | | | | | | | | | | | |
|---|---|---|---|---|---|---|---|---|---|---|---|---|---|
| 鱼 | 拳 | 艺 | 绘 | 松 | 品 | 远 | 图 | 魔 | 舞 | 趣 | 绘 | 魔 | 狩 | 篮 |
| 摄 | 篮 | 术 | 远 | 棒 | 品 | 陶 | 球 | 鱼 | 击 | 重 | 缝 | 动 | 术 |
| 严 | 游 | 的 | 球 | 工 | 阅 | 芳 | 球 | 营 | 绘 | 相 | 织 | 击 |
| 重 | 陶 | 大 | 潜 | 品 | 织 | 黑 | 香 | 松 | 画 | 同 | 园 | 狩 |
| 的 | 摄 | 巨 | 影 | 营 | 篮 | 暗 | 拳 | 拳 | 露 | 艺 | 足 | 阅 |
| 大 | 画 | 击 | 艺 | 神 | 动 | 益 | 影 | 陶 | 跳 | 画 | 棒 | 织 |
| 能 | 露 | 织 | 狩 | 秘 | 益 | 活 | 艺 | 术 | 织 | 现 | 利 | 拳 |
| 趣 | 游 | 趣 | 技 | 完 | 读 | 动 | 松 | 能 | 球 | 代 | 潜 | 露 |
| 魔 | 放 | 远 | 拳 | 美 | 魔 | 摄 | 读 | 影 | 营 | 品 | 钓 | 绘 |
| 潜 | 暇 | 钓 | 艺 | 阅 | 潜 | 球 | 画 | 缝 | 狩 | 拼 | 慢 |
| 慷 | 园 | 图 | 工 | 摄 | 暇 | 益 | 的 | 松 | 球 | 棒 | 利 | 异 |
| 慨 | 露 | 绝 | 放 | 暇 | 画 | 重 | 跳 | 技 | 缝 | 狩 | 法 | 国 |
| 松 | 鱼 | 影 | 对 | 法 | 营 | 要 | 舞 | 吸 | 球 | 利 | 工 | 情 |
| 舞 | 影 | 狩 | 放 | 放 | 舞 | 狩 | 游 | 引 | 力 | 缝 | 针 | 诚 |
| 读 | 薄 | 趣 | 露 | 暇 | 图 | 技 | 足 | 技 | 摄 | 篮 | 针 | 实 |
| | | | 图 | 画 | 读 | 园 | 放 | 足 | 读 | 棒 | 调 |

# 29 - Insetos

动趣幼黄舞蚊击益动舞魔跳猎钓术
缝纫虫蜂足子织利松足露摄猎织放
技绘活放织甲击园利摄潜绘篮益松
缝篮篮暇暇术虫瓢利跳狩能园动
摄放技击益趣蠕跳织工术动织露白
舞营技游纫鱼益露乐潜利工陶球蚁
影缝乐品艺益益狩画画乐绘球放蚂
蚱拳乐球球织针游缝蛾工蜻球画影
棒蜢潜击松益技足蟑螂螳蚜蜓放画
拼暇图棒动影技魔游蜜螂蝴蝶跳蚤趣
鱼足拼陶潜陶暇拼乐蜂乐纫拼阅影
法绘针利缝艺缝舞品品游工舞动益
能益戏蝉术游远鱼钓棒击拼篮品阅
瓷松活缝陶足暇品益阅瓷术露跳暇
技能棒织钓缝跳法纫针戏游远绘益

| | |
|---|---|
| 蜜蜂 | 幼虫 |
| 蟑螂 | 蜻蜓 |
| 甲虫 | 螳螂 |
| 蝴蝶 | 蠕虫 |
| 白蚁 | 蚊子 |
| 蚂蚁 | 跳蚤 |
| 蚱蜢 | 黄蜂 |
| 瓢虫 | |

# 30 - Psicologia

园 评 击 击 品 瓷 感 知 园 利 缝 足 临 图 篮
读 估 猎 狩 画 拼 陶 拼 足 经 艺 动 艺 床 钓
法 足 园 趣 趣 游 露 读 趣 能 验 猎 品 放 瓷
织 艺 园 远 绘 艺 动 乐 术 品 拳 钓 趣 拼 游
法 品 猎 品 放 益 技 拼 松 法 认 园 击 潜 露
童 年 治 疗 棒 活 舞 绘 乐 魔 识 意 潜 利 露
技 暇 潜 舞 球 织 冲 突 工 图 动 意 梦 无 动
工 情 绪 拼 潜 潜 拼 趣 足 趣 画 想 球 品
能 营 狩 潜 品 乐 工 图 动 艺 暇 足 艺 舞 活
绘 现 狩 法 趣 术 陶 暇 自 我 球 球 园 暇 击
舞 实 能 足 术 击 艺 利 鱼 针 艺 工 绘 艺 感
品 绘 行 性 狩 棒 乐 远 陶 纫 益 舞 松 图 觉
问 题 为 影 响 阅 暇 法 篮 艺 舞 能 图 图 法
利 戏 纫 露 活 营 针 动 利 趣 潜 乐 松 篮 舞
艺 法 动 魔 棒 篮 猎 利 读 趣 针 乐 松 篮 舞

评估
临床
认识
行为
冲突
自我
情绪
经验
无意识
童年

影响
感知
个性
问题
现实
感觉
梦想
潜意识
治疗

# 31 - Paisagens

| 拳 | 纫 | 球 | 织 | 图 | 松 | 猎 | 能 | 足 | 阅 | 跳 | 舞 | 乐 | 鱼 | 缝 |
|---|---|---|---|---|---|---|---|---|---|---|---|---|---|---|
| 洞 | 穴 | 瀑 | 布 | 艺 | 放 | 魔 | 跳 | 球 | 棒 | 篮 | 动 | 松 | 猎 | 针 |
| 趣 | 营 | 远 | 陶 | 影 | 绘 | 技 | 猎 | 露 | 狩 | 远 | 露 | 工 | 纫 | 益 |
| 画 | 园 | 拳 | 乐 | 影 | 击 | 跳 | 画 | 艺 | 趣 | 技 | 纫 | 摄 | 园 | 活 |
| 缝 | 艺 | 营 | 鱼 | 瓷 | 园 | 法 | 苔 | 原 | 河 | 口 | 游 | 陶 | 趣 | 猎 |
| 钓 | 舞 | 益 | 纫 | 阅 | 狩 | 狩 | 织 | 远 | 乐 | 营 | 艺 | 缝 | 织 | 冰 |
| 织 | 魔 | 跳 | 针 | 缝 | 读 | 鱼 | 陶 | 滩 | 动 | 画 | 谷 | 跳 | 击 | 川 |
| 棒 | 图 | 瓷 | 动 | 露 | 术 | 潜 | 舞 | 海 | 湾 | 冰 | 山 | 海 | 读 | 火 |
| 击 | 艺 | 远 | 拳 | 织 | 针 | 瓷 | 击 | 猎 | 读 | 潜 | 游 | 洋 | 松 | 山 |
| 趣 | 缝 | 足 | 纫 | 园 | 球 | 艺 | 艺 | 跳 | 沼 | 能 | 乐 | 读 | 织 | 拼 |
| 狩 | 戏 | 摄 | 跳 | 艺 | 画 | 放 | 沙 | 暇 | 狩 | 泽 | 绿 | 湖 | 岛 | 能 |
| 魔 | 园 | 戏 | 工 | 工 | 趣 | 能 | 跳 | 漠 | 图 | 工 | 河 | 洲 | 半 | 露 |
| 园 | 图 | 钓 | 画 | 营 | 营 | 摄 | 缝 | 戏 | 阅 | 舞 | 活 | 松 | 放 | 拼 |
| 纫 | 法 | 能 | 图 | 动 | 艺 | 益 | 暇 | 园 | 潜 | 乐 | 活 | 动 | 绘 | 潜 |
| 益 | 动 | 足 | 影 | 露 | 影 | 狩 | 乐 | 营 | 魔 | 艺 | 图 | 营 | 艺 | 戏 |

瀑布
洞穴
沙漠
河口
冰川
海湾
冰山
绿洲

海洋
沼泽
半岛
海滩
苔原
山谷
火山

# 32 - Dança

| | | | | | | | | | | | | | | |
|---|---|---|---|---|---|---|---|---|---|---|---|---|---|---|
| 身 | 摄 | 营 | 摄 | 艺 | 鱼 | 松 | 舞 | 钓 | 术 | 动 | 营 | 舞 | 球 | 游 |
| 体 | 戏 | 露 | 画 | 阅 | 瓷 | 猎 | 纫 | 营 | 学 | 露 | 技 | 艺 | 能 | 画 |
| 拳 | 戏 | 缝 | 陶 | 富 | 有 | 表 | 现 | 营 | 院 | 动 | 瓷 | 术 | 拳 | 活 |
| 影 | 图 | 法 | 猎 | 法 | 姿 | 势 | 法 | 力 | 潜 | 益 | 钓 | 术 | 钓 | 跳 |
| 击 | 暇 | 影 | 针 | 画 | 魔 | 魔 | 活 | 技 | 潜 | 优 | 猎 | 舞 | 游 | 拳 |
| 伙 | 伴 | 陶 | 拳 | 露 | 陶 | 动 | 松 | 潜 | 雅 | 术 | 跳 | 读 | 能 | 暇 |
| 运 | 游 | 钓 | 露 | 情 | 感 | 跳 | 园 | 游 | 益 | 远 | 放 | 远 | 戏 | 猎 |
| 动 | 画 | 法 | 足 | 益 | 潜 | 猎 | 篮 | 潜 | 远 | 摄 | 读 | 露 | 露 | 利 |
| 工 | 能 | 球 | 篮 | 法 | 影 | 阅 | 工 | 品 | 游 | 击 | 狩 | 营 | 品 | 露 |
| 术 | 法 | 乐 | 缝 | 针 | 利 | 读 | 读 | 钓 | 游 | 游 | 摄 | 品 | 图 | 营 |
| 绘 | 摄 | 图 | 暇 | 活 | 织 | 传 | 画 | 艺 | 棒 | 游 | 缝 | 图 | 放 | 击 |
| 快 | 能 | 纫 | 工 | 活 | 活 | 统 | 文 | 术 | 益 | 读 | 园 | 放 | 跳 | 艺 |
| 拳 | 乐 | 音 | 摄 | 艺 | 动 | 的 | 化 | 织 | 乐 | 读 | 针 | 狩 | 技 | 瓷 |
| 绘 | 古 | 节 | 缝 | 动 | 画 | 觉 | 活 | 趣 | 拳 | 益 | 狩 | 阅 | 技 | 绘 |
| 猎 | 典 | 影 | 放 | 绘 | 读 | 视 | 品 | 游 | 编 | 舞 | 益 | 跳 | 阅 | |

学院　　　　　优雅
快乐　　　　　运动
艺术　　　　　音乐
古典　　　　　伙伴
编舞　　　　　姿势
身体　　　　　节奏
文化　　　　　传统的
情感　　　　　视觉的
富有表现力

# 33 - Nutrição

跳 工 品 趣 拼 跳 画 艺 图 棒 画 缝 魔 碳 舞
术 阅 拼 工 针 拼 棒 阅 品 足 松 健 跳 水 针
针 潜 阅 棒 活 画 缝 艺 露 篮 活 康 拳 化 魔
猎 拼 养 欲 食 饮 术 瓷 园 拼 狩 绘 跳 合 露
液 益 分 球 利 用 远 园 织 拳 技 棒 暇 物 读
工 体 艺 潜 活 画 舞 蛋 质 量 阅 露 酱 技 毒
松 拼 品 拳 戏 舞 能 白 露 露 瓷 技 球 鱼 素
拳 戏 潜 摄 鱼 暇 苦 质 图 陶 瓷 工 织 松 生
游 魔 棒 瓷 读 发 酵 针 趣 魔 狩 游 松 读 维
织 露 陶 乐 球 缝 松 拼 技 术 舞 阅 动 潜 击
钓 狩 读 拼 法 阅 品 活 阅 拳 篮 园 趣 品 利
棒 拼 魔 鱼 瓷 部 舞 利 露 跳 园 足 纫 拳 利
味 道 园 跳 陶 放 分 暇 益 工 乐 摄 消 化 鱼
动 戏 动 猎 拼 击 暇 工 暇 卡 路 里 利 击 重
法 跳 松 术 松 平 衡 的 技 园 法 狩 品 棒 量

| | |
|---|---|
| 食欲 | 养分 |
| 卡路里 | 重量 |
| 碳水化合物 | 部分 |
| 食用 | 蛋白质 |
| 饮食 | 质量 |
| 消化 | 味道 |
| 平衡的 | 健康 |
| 发酵 | 毒素 |
| 液体 | 维生素 |

# 34 - Energia

工 图 远 拼 读 品 球 舞 球 子 电 纫 益 读 阅
棒 鱼 营 拼 陶 核 影 技 艺 光 池 针 篮 放 摄
露 织 足 暇 足 阅 乐 远 图 环 太 读 读 拼 露
绘 画 营 画 潜 摄 工 艺 纫 境 营 阳 读 游 活
读 狩 乐 足 拼 工 松 摄 污 染 陶 拼 图 绘 读
画 涡 瓷 纫 利 业 活 艺 魔 利 乐 法 露 松 画
织 轮 远 柴 油 影 益 鱼 熵 猎 益 舞 足 击 风
汽 油 游 图 氢 露 击 营 拳 棒 术 魔 能 拼 益
暇 远 放 远 利 术 猎 舞 园 能 松 舞 益 达 击
趣 利 园 缝 工 舞 工 绘 图 陶 绘 远 拼 趣
跳 游 读 动 戏 图 织 织 动 再 足 马 达 热
击 松 拳 能 绘 能 法 园 织 生 绘 猎 远 舞
足 缝 动 能 瓷 能 瓷 阅 工 摄 露 品 摄 拼
碳 拳 拳 技 陶 品 绘 燃 料 术 工 鱼 活
钓 足 品 乐 术 猎 纫 暇 魔 趣 足 趣 品 鱼

环境
电池
燃料
柴油
电子
光子
汽油

工业
马达
污染
再生
太阳
涡轮

# 35 - Disciplinas Científicas

| | | | | | | | | | | | | | | |
|---|---|---|---|---|---|---|---|---|---|---|---|---|---|---|
| 动 | 物 | 学 | 猎 | 运 | 读 | 阅 | 天 | 棒 | 生 | 幼 | 地 | 露 | 营 | 乐 |
| 生 | 物 | 化 | 学 | 动 | 舞 | 幼 | 文 | 摄 | 理 | 技 | 缝 | 质 | 读 | 读 |
| 足 | 影 | 钓 | 化 | 学 | 象 | 气 | 学 | 趣 | 学 | 经 | 神 | 松 | 学 | 松 |
| 拳 | 瓷 | 解 | 剖 | 学 | 跳 | 法 | 园 | 营 | 疫 | 陶 | 法 | 织 | 物 | 跳 |
| 生 | 考 | 古 | 学 | 缝 | 利 | 球 | 阅 | 幼 | 免 | 心 | 画 | 足 | 生 | 艺 |
| 态 | 舞 | 露 | 工 | 游 | 读 | 篮 | 跳 | 游 | 棒 | 球 | 理 | 足 | 戏 | 热 |
| 学 | 趣 | 戏 | 矿 | 物 | 学 | 鱼 | 能 | 益 | 影 | 魔 | 社 | 学 | 足 | 力 |
| 魔 | 击 | 语 | 击 | 瓷 | 读 | 乐 | 幼 | 利 | 棒 | 动 | 会 | 球 | 松 | 学 |
| 鱼 | 陶 | 言 | 针 | 读 | 趣 | 图 | 猎 | 游 | 足 | 动 | 学 | 品 | 品 | 品 |
| 品 | 绘 | 学 | 魔 | 艺 | 植 | 露 | 游 | 跳 | 露 | 活 | 乐 | 钓 | 营 | 活 |
| 绘 | 瓷 | 瓷 | 松 | 狩 | 术 | 物 | 潜 | 摄 | 露 | 绘 | 技 | 法 | 舞 | 放 |
| 钓 | 鱼 | 活 | 织 | 缝 | 缝 | 篮 | 学 | 绘 | 陶 | 园 | 游 | 技 | 放 | 阅 |
| 阅 | 钓 | 针 | 舞 | 趣 | 乐 | 艺 | 戏 | 艺 | 画 | 拼 | 戏 | 跳 | 摄 | 工 |
| 潜 | 拼 | 乐 | 能 | 法 | 拳 | 幼 | 活 | 品 | 益 | 游 | 营 | 潜 | 活 | 幼 |
| 魔 | 法 | 工 | 戏 | 术 | 幼 | 瓷 | 影 | 术 | 画 | 影 | 拳 | 瓷 | 针 | 幼 |

| | |
|---|---|
| 解剖学 | 免疫学 |
| 考古学 | 语言学 |
| 天文学 | 气象学 |
| 生物学 | 矿物学 |
| 生物化学 | 神经学 |
| 植物学 | 心理学 |
| 运动学 | 化学 |
| 生态学 | 社会学 |
| 生理学 | 热力学 |
| 地质学 | 动物学 |

# 36 - Meditação

| | | | | | | | | | | | | | |
|---|---|---|---|---|---|---|---|---|---|---|---|---|---|
| 法 | 魔 | 拼 | 能 | 影 | 接 | 击 | 戏 | 活 | 平 | 静 | 技 | 露 | 纫 | 图 |
| 棒 | 术 | 阅 | 松 | 园 | 游 | 受 | 放 | 远 | 拳 | 陶 | 猎 | 图 | 陶 | 乐 |
| 品 | 技 | 鱼 | 跳 | 远 | 读 | 运 | 艺 | 品 | 鱼 | 猎 | 棒 | 篮 | 画 | 击 |
| 益 | 钓 | 术 | 舞 | 呼 | 吸 | 动 | 工 | 动 | 透 | 读 | 纫 | 棒 | 针 | 纫 |
| 阅 | 术 | 拳 | 足 | 针 | 工 | 同 | 情 | 音 | 视 | 沉 | 潜 | 放 | 击 | 缝 |
| 织 | 心 | 松 | 趣 | 读 | 陶 | 绘 | 乐 | 影 | 默 | 园 | 术 | 和 | 猎 |
| 图 | 理 | 缝 | 棒 | 读 | 舞 | 品 | 绘 | 营 | 棒 | 足 | 篮 | 缝 | 狩 | 平 |
| 影 | 术 | 跳 | 大 | 自 | 然 | 纫 | 纫 | 游 | 棒 | 品 | 摄 | 品 | 击 | 针 |
| 舞 | 暇 | 露 | 织 | 动 | 舞 | 摄 | 画 | 益 | 动 | 营 | 露 | 影 | 钓 | 击 |
| 针 | 图 | 营 | 针 | 法 | 醒 | 击 | 幸 | 戏 | 瓷 | 钓 | 狩 | 棒 | 纫 | 动 |
| 习 | 惯 | 击 | 舞 | 陶 | 影 | 篮 | 福 | 戏 | 潜 | 明 | 图 | 暇 | 摄 | 术 |
| 艺 | 足 | 情 | 绪 | 钓 | 拳 | 摄 | 姿 | 观 | 晰 | 工 | 跳 | 摄 | 园 |
| 针 | 织 | 魔 | 读 | 益 | 织 | 篮 | 狩 | 势 | 察 | 瓷 | 工 | 利 | 绘 |
| 摄 | 善 | 良 | 舞 | 篮 | 织 | 工 | 感 | 激 | 远 | 钓 | 游 | 击 | 陶 | 舞 |
| 园 | 跳 | 放 | 远 | 魔 | 益 | 钓 | 图 | 钓 | 读 | 法 | 读 | 画 | 棒 | 暇 |

接受
善良
平静
明晰
同情
情绪
幸福
感激
习惯
心理

运动
音乐
大自然
观察
和平
透视
姿势
呼吸
沉默

# 37 - Artes Visuais

| | | | | | | | | | | | | | | |
|---|---|---|---|---|---|---|---|---|---|---|---|---|---|---|
| 球 | 缝 | 舞 | 动 | 露 | 乐 | 趣 | 技 | 技 | 创 | 陶 | 器 | 能 | 利 | 猎 |
| 陶 | 动 | 趣 | 狩 | 棒 | 能 | 趣 | 画 | 图 | 造 | 纫 | 游 | 鱼 | 纫 | 艺 |
| 猎 | 缝 | 松 | 能 | 绘 | 利 | 拳 | 远 | 魔 | 力 | 鱼 | 益 | 针 | 营 | 棒 |
| 工 | 魔 | 戏 | 营 | 鱼 | 雕 | 摄 | 木 | 陶 | 能 | 纫 | 粘 | 技 | 陶 | 织 |
| 跳 | 能 | 暇 | 艺 | 陶 | 塑 | 魔 | 拳 | 炭 | 钓 | 棒 | 钓 | 土 | 术 | 营 |
| 潜 | 戏 | 看 | 术 | 活 | 益 | 松 | 法 | 利 | 拳 | 针 | 蜡 | 松 | 放 | 针 |
| 跳 | 法 | 法 | 家 | 舞 | 活 | 舞 | 露 | 法 | 击 | 篮 | 松 | 肖 | 陶 | 舞 |
| 瓷 | 能 | 利 | 放 | 粉 | 笔 | 织 | 舞 | 跳 | 建 | 拼 | 游 | 像 | 益 | 戏 |
| 松 | 鱼 | 品 | 远 | 园 | 利 | 铅 | 术 | 乐 | 筑 | 图 | 针 | 猎 | 戏 | 画 |
| 戏 | 拳 | 动 | 技 | 图 | 球 | 艺 | 钓 | 舞 | 缝 | 园 | 球 | 工 | 趣 | 暇 |
| 钓 | 摄 | 陶 | 跳 | 放 | 钓 | 针 | 松 | 动 | 读 | 舞 | 绘 | 露 | 工 | 猎 |
| 松 | 阅 | 电 | 影 | 绘 | 技 | 针 | 魔 | 跳 | 足 | 画 | 模 | 具 | 击 | 足 |
| 戏 | 绘 | 画 | 露 | 画 | 针 | 能 | 利 | 跳 | 松 | 架 | 猎 | 利 | 杰 | 作 |
| 瓷 | 足 | 舞 | 法 | 远 | 能 | 跳 | 潜 | 瓷 | 暇 | 狩 | 陶 | 照 | 瓷 | 纫 |
| 活 | 摄 | 狩 | 戏 | 舞 | 击 | 露 | 钓 | 工 | 技 | 织 | 跳 | 片 | 术 | 园 |

粘土
建筑
艺术家
木炭
画架
陶器
创造力
雕塑
模具

电影
照片
粉笔
铅笔
杰作
看法
绘画
肖像

# 38 - Instrumentos Musicais

| | | | | | | | | | | | | | | |
|---|---|---|---|---|---|---|---|---|---|---|---|---|---|---|
| 喇 | 叭 | 舞 | 绘 | 绘 | 猎 | 口 | 摄 | 拳 | 长 | 利 | 织 | 活 | 球 | 益 |
| 法 | 术 | 游 | 棒 | 舞 | 画 | 魔 | 琴 | 钢 | 号 | 技 | 猎 | 戏 | 棒 | 品 |
| 跳 | 纫 | 缝 | 篮 | 营 | 艺 | 拳 | 竖 | 舞 | 班 | 园 | 击 | 绘 | 露 | 营 |
| 园 | 活 | 动 | 画 | 放 | 能 | 瓷 | 阅 | 拳 | 锣 | 卓 | 艺 | 远 | 狩 | 活 |
| 动 | 远 | 影 | 读 | 曼 | 陀 | 林 | 足 | 艺 | 远 | 猎 | 琴 | 提 | 大 | 小 |
| 狩 | 摄 | 巴 | 林 | 马 | 缝 | 活 | 足 | 园 | 营 | 阅 | 瓷 | 画 | 园 | 提 |
| 舞 | 技 | 松 | 棒 | 画 | 织 | 游 | 趣 | 针 | 缝 | 针 | 鱼 | 趣 | 织 | 琴 |
| 画 | 营 | 管 | 簧 | 双 | 瓷 | 影 | 影 | 吉 | 他 | 摄 | 乐 | 利 | 读 | 图 |
| 拳 | 利 | 斯 | 鱼 | 绘 | 利 | 法 | 动 | 潜 | 技 | 摄 | 活 | 艺 | 品 | 艺 |
| 松 | 工 | 克 | 针 | 阅 | 阅 | 法 | 篮 | 工 | 拳 | 远 | 针 | 戏 | 舞 | 针 |
| 陶 | 法 | 萨 | 拳 | 球 | 织 | 艺 | 拳 | 艺 | 钓 | 读 | 鱼 | 球 | 放 | 织 |
| 利 | 营 | 针 | 利 | 棒 | 击 | 能 | 暇 | 工 | 铃 | 打 | 击 | 乐 | 器 | 球 |
| 图 | 跳 | 放 | 纫 | 织 | 球 | 陶 | 瓷 | 远 | 鼓 | 摄 | 棒 | 戏 | 乐 | 瓷 |
| 图 | 动 | 舞 | 影 | 棒 | 读 | 织 | 缝 | 缝 | 织 | 阅 | 棒 | 棒 | 露 | 猎 |
| 单 | 簧 | 管 | 钓 | 摄 | 影 | 猎 | 动 | 舞 | 游 | 猎 | 工 | 图 | 长 | 笛 |

| | |
|---|---|
| 曼陀林 | 铃鼓 |
| 班卓琴 | 打击乐器 |
| 单簧管 | 钢琴 |
| 巴松管 | 萨克斯管 |
| 长笛 | 长号 |
| 口琴 | 喇叭 |
| 竖琴 | 吉他 |
| 马林巴 | 小提琴 |
| 双簧管 | 大提琴 |

# 39 - Adjetivos #2

| | | | | | | | | | | | | | |
|---|---|---|---|---|---|---|---|---|---|---|---|---|---|
| 益 | 针 | 艺 | 摄 | 瓷 | 利 | 阅 | 露 | 狩 | 绘 | 荒 | 野 | 营 | 创 | 干 |
| 著 | 篮 | 营 | 影 | 能 | 狩 | 读 | 能 | 篮 | 缝 | 法 | 绘 | 松 | 技 | 意 |
| 名 | 天 | 艺 | 益 | 热 | 拳 | 摄 | 远 | 篮 | 舞 | 摄 | 放 | 的 | 的 | 戏 |
| 的 | 钓 | 才 | 能 | 趣 | 足 | 潜 | 棒 | 益 | 技 | 益 | 园 | 篮 | 图 | 足 |
| 影 | 钓 | 露 | 影 | 狩 | 咸 | 放 | 鱼 | 活 | 棒 | 拼 | 自 | 园 | 针 | 拼 |
| 织 | 瓷 | 读 | 益 | 足 | 纯 | 织 | 跳 | 健 | 缝 | 猎 | 然 | 潜 | 阅 | 狩 |
| 能 | 动 | 狩 | 图 | 强 | 描 | 述 | 性 | 的 | 康 | 工 | 织 | 棒 | 针 | 陶 |
| 远 | 足 | 游 | 园 | 技 | 能 | 暇 | 游 | 足 | 跳 | 足 | 球 | 园 | 益 | 园 |
| 陶 | 潜 | 宗 | 正 | 击 | 针 | 暇 | 绘 | 钓 | 钓 | 远 | 鱼 | 魔 | 阅 | 棒 |
| 园 | 放 | 舞 | 常 | 利 | 潜 | 摄 | 工 | 放 | 织 | 工 | 魔 | 骄 | 乐 | 图 |
| 法 | 动 | 纫 | 狩 | 织 | 绘 | 影 | 负 | 责 | 露 | 工 | 艺 | 傲 | 暇 | 针 |
| 拳 | 有 | 趣 | 法 | 陶 | 工 | 篮 | 营 | 远 | 工 | 影 | 优 | 雅 | 拳 | 摄 |
| 击 | 篮 | 球 | 阅 | 戏 | 画 | 乐 | 术 | 针 | 技 | 纫 | 动 | 舞 | 益 | 击 |
| 松 | 击 | 瓷 | 技 | 阅 | 影 | 阅 | 击 | 露 | 露 | 露 | 乐 | 法 | 露 | 跳 |
| 暇 | 生 | 产 | 力 | 陶 | 画 | 针 | 技 | 益 | 画 | 技 | 园 | 暇 | 击 | 戏 |

| | |
|---|---|
| 正宗 | 正常 |
| 创意 | 新的 |
| 描述性的 | 骄傲 |
| 天才 | 生产力 |
| 优雅 | 负责 |
| 著名的 | 健康 |
| 有趣 | 荒野 |
| 自然 | |

# 40 - Roupas

围 舞 袜 击 能 拼 画 裤 阅 放 露 瓷 足 品 针
裙 魔 子 帽 游 暇 鞋 子 品 猎 园 围 凉 击 瓷
暇 衣 钓 松 能 营 潜 营 戏 纫 毛 巾 园 鞋 图
趣 乐 连 篮 乐 画 篮 工 钓 利 衣 艺 能 放 猎
利 魔 工 牛 仔 裤 能 棒 陶 图 艺 狩 画 钓 击
舞 活 影 画 趣 针 鱼 纫 拼 魔 技 摄 乐 球 项
钓 鱼 营 画 拳 乐 手 外 暇 猎 益 绘 术 钓 链
猎 阅 影 绘 戏 营 镯 套 图 狩 篮 法 拼 松
图 影 拳 阅 球 图 绘 钓 潜 能 针 营 时 纫 影
影 暇 纫 摄 露 阅 利 营 法 跳 工 钓 松 尚 棒
击 法 园 短 手 读 利 缝 鱼 带 活 绘 图 魔 术
远 潜 夹 裙 套 利 术 缝 织 睡 针 陶 品 画
足 织 克 击 足 乐 陶 放 画 衣 球 趣 游 织
绘 阅 趣 动 狩 摄 拳 工 营 品 狩 利 拼 拼 动
趣 衬 衫 放 园 缝 缝 击 击 鱼 针 针 影 篮 缝

围裙　　　　　　　手套
裤子　　　　　　　袜子
衬衫　　　　　　　时尚
外套　　　　　　　睡衣
帽子　　　　　　　手镯
项链　　　　　　　短裙
夹克　　　　　　　凉鞋
牛仔裤　　　　　　毛衣
围巾　　　　　　　连衣裙

# 41 - Herbalismo

百里香茴藏篮足薰质击绿远猎画营
阅戏猎送游红松衣量法色品鱼球花
球读潜乐迷法花草画击益龙蒿击瓷
植物技工露罗勒工拳纫工纫园活篮
舞纫乐远棒趣松足园艺针陶足图球
读狩画足猎法狩游放篮拼艺益味针
趣读能钓击阅马郁兰篮狩园趣道球
跳芳营拼拳猎露图针露陶松鱼击乐
猎香能法棒猎钓魔远棒趣益摄香能
狩潜击足露球益跳针图园狩术菜击
阅大狩狩术织棒影摄术猎暇球益利
能品蒜有益的成分活法缝跳园织陶
读阅远法益篮艺钓魔鱼缝缝击法缝
拳阅花鱼缝瓷画术艺魔动远游图缝
画拼园拼鱼戏趣品艺狩品趣阅品击

藏红花            花园
迷迭香            薰衣草
大蒜              罗勒
芳香              马郁兰
有益的            植物
香菜              质量
龙蒿              味道
茴香              百里香
成分              绿色

# 42 - Arqueologia

```
对 象 棒 暇 跳 图 跳 织 利 戏 织 品 遗 教 趣
利 图 魔 画 影 瓷 动 阅 读 神 阅 陶 迹 授 魔
游 猎 放 品 文 纫 篮 棒 击 球 秘 器 术 针 狩
化 舞 舞 法 陶 明 鱼 品 远 图 乐 营 动 利 拳
石 钓 工 棒 技 纫 读 图 篮 狩 钓 古 代 缝 篮
活 拼 织 猎 魔 游 松 拳 园 戏 狩 陶 时 动 缝
法 猎 活 棒 舞 狩 墓 足 舞 画 缝 潜 艺 陶 工
放 针 能 潜 读 艺 钓 魔 术 戏 工 纫 游 专 家
针 乐 拳 松 纫 纫 动 舞 园 球 暇 活 益 摄 纫
骨 头 陶 图 利 动 舞 园 术 后 研 员 画 乐 针
猎 足 术 绘 动 足 乐 利 陶 裔 棒 画 益 动
品 足 营 碎 篮 法 足 击 戏 寺 庙 画 益 利
团 品 术 片 缝 趣 乐 鱼 分 析 评 估 松 暇 猎
织 队 篮 缝 跳 放 影 远 图 未 钓 织 拼
鱼 潜 陶 图 放 足 陶 利 露 戏 瓷 知 乐 足 技
```

分析
古代
评估
陶器
文明
后裔
未知
团队
时代
专家

化石
碎片
研究员
神秘
对象
骨头
教授
遗迹
寺庙

# 43 - Esporte

钓 工 法 活 摄 游 读 影 心 暇 棒 狩 身 摄 魔
骨 头 击 活 缝 图 绘 读 血 代 谢 狩 体 益 棒
远 鱼 针 鱼 法 织 营 阅 管 画 园 跑 步 魔 游
跳 魔 露 营 动 摄 潜 游 绘 钓 球 品 钓 露 技
舞 暇 狩 松 足 缝 足 纫 戏 循 绘 远 读 游 绘
程 序 松 远 营 营 钓 饮 缝 环 读 读 乐 法 工
猎 品 松 瓷 远 游 动 暇 食 趣 能 钓 跳 绘 品
暇 能 阅 耐 力 动 魔 阅 能 读 读 缝 棒 技 陶
活 鱼 足 织 术 能 体 乐 能 读 乐 最 大 化 阅
拳 戏 园 鱼 影 阅 育 击 法 球 放 拳 松 击 狩
瓷 纫 游 趣 益 绘 舞 艺 魔 品 活 钓 园 狩 活
远 量 球 舞 能 技 活 练 纫 钓 猎 健 影 瓷 动
能 力 钓 放 戏 跳 目 标 游 园 钓 康 瓷 放 动
狩 跳 舞 园 跳 运 动 员 织 园 魔 影 画 戏 棒
园 远 肌 肉 跳 纫 乐 图 棒 瓷 养 松 品 棒 益

运动员
能力
心血管
循环
身体
跳舞
饮食
体育
力量
跑步

最大化
代谢
肌肉
营养
目标
骨头
程序
耐力
教练
健康

# 44 - Agronomia

| | | | | | | | | | | | | | | |
|---|---|---|---|---|---|---|---|---|---|---|---|---|---|---|
| 读 | 园 | 能 | 放 | 研 | 摄 | 趣 | 疾 | 病 | 瓷 | 读 | 狩 | 影 | 水 | 潜 |
| 摄 | 游 | 动 | 源 | 究 | 动 | 艺 | 篮 | 鱼 | 工 | 动 | 园 | 戏 | 狩 | 鱼 |
| 法 | 拼 | 环 | 科 | 营 | 绘 | 画 | 利 | 蔬 | 菜 | 园 | 钓 | 魔 | 趣 | 潜 |
| 放 | 魔 | 艺 | 境 | 学 | 态 | 生 | 艺 | 法 | 系 | 狩 | 法 | 营 | 棒 | 摄 |
| 种 | 子 | 摄 | 读 | 鱼 | 动 | 瓷 | 远 | 图 | 统 | 阅 | 动 | 暇 | 足 | 足 |
| 露 | 钓 | 篮 | 摄 | 绘 | 品 | 击 | 戏 | 松 | 营 | 乡 | 村 | 的 | 乐 | 露 |
| 游 | 乐 | 松 | 陶 | 侵 | 蚀 | 摄 | 拼 | 松 | 舞 | 织 | 拼 | 篮 | 篮 | 纫 |
| 法 | 织 | 陶 | 影 | 魔 | 暇 | 艺 | 趣 | 利 | 织 | 篮 | 钓 | 拳 | 纫 | 狩 |
| 瓷 | 摄 | 纫 | 法 | 陶 | 舞 | 放 | 织 | 绘 | 影 | 瓷 | 狩 | 阅 | 工 | 生 |
| 术 | 猎 | 园 | 潜 | 松 | 有 | 机 | 植 | 物 | 动 | 图 | 术 | 图 | 游 | 产 |
| 肥 | 料 | 摄 | 织 | 利 | 术 | 品 | 能 | 能 | 趣 | 能 | 猎 | 陶 | 棒 | 能 |
| 土 | 壤 | 猎 | 能 | 影 | 松 | 活 | 法 | 活 | 利 | 瓷 | 针 | 魔 | 污 | 法 |
| 陶 | 影 | 鱼 | 品 | 松 | 拼 | 钓 | 球 | 绘 | 拳 | 乐 | 纫 | 棒 | 染 | 园 |
| 阅 | 放 | 针 | 法 | 园 | 动 | 潜 | 法 | 篮 | 艺 | 品 | 游 | 图 | 足 | 拼 |
| 能 | 农 | 业 | 织 | 动 | 棒 | 远 | 营 | 鱼 | 影 | 织 | 营 | 阅 | 术 | 击 |

农业　　　　　有机
环境　　　　　研究
科学　　　　　植物
疾病　　　　　污染
生态学　　　　生产
能源　　　　　乡村的
侵蚀　　　　　种子
肥料　　　　　系统
蔬菜　　　　　土壤

# 45 - Frutas

跳 影 纫 拳 术 篮 艺 读 松 篮 魔 猎 芒 钓 暇
绘 阅 技 覆 盆 子 露 露 舞 品 术 球 果 营 暇
摄 影 乐 跳 远 缝 远 拼 戏 足 工 跳 远 织 放
油 桃 樱 鱼 针 能 猎 法 拼 能 工 利 木 瓜 趣
读 猴 拼 击 绘 益 黑 远 阅 读 织 戏 园 法 法
针 猕 菠 萝 艺 品 阅 莓 桃 篮 工 益 魔 暇 画
戏 击 阅 活 法 绘 纫 放 暇 钓 浆 法 摄 瓷 足
工 术 动 利 织 术 跳 针 读 篮 果 利 钓 苹 果
足 拳 球 柠 檬 潜 潜 工 钓 陶 图 画 读 园 跳
跳 趣 法 技 戏 活 能 动 技 橙 无 花 果 摄 营
瓷 香 活 露 鳄 乐 猎 能 鱼 色 缝 影 戏 跳 能
技 蕉 葡 萄 梨 暇 钓 狩 动 拼 绘 工 读 钓
戏 舞 趣 乐 益 球 画 跳 法 狩 技 棒 椰 潜 陶
影 图 技 远 篮 阅 棒 潜 纫 阅 远 梨 子 杏 营
影 暇 潜 艺 露 拳 猎 松 松 利 读 钓 技 术 动

鳄梨
菠萝
黑莓
浆果
香蕉
樱桃
椰子
无花果
覆盆子

猕猴桃
橙色
柠檬
苹果
木瓜
芒果
油桃
葡萄

# 46 - Corpo Humano

| 图 | 摄 | 读 | 篮 | 术 | 球 | 肩 | 利 | 影 | 嘴 | 织 | 法 | 舞 | 营 | 陶 |
|---|---|---|---|---|---|---|---|---|---|---|---|---|---|---|
| 拳 | 营 | 工 | 法 | 拳 | 织 | 膀 | 舞 | 阅 | 球 | 前 | 额 | 术 | 针 | 图 |
| 狩 | 画 | 能 | 乐 | 放 | 针 | 篮 | 篮 | 摄 | 膝 | 跳 | 技 | 法 | 法 | 摄 |
| 远 | 击 | 营 | 篮 | 足 | 暇 | 品 | 游 | 击 | 盖 | 下 | 巴 | 狩 | 图 | 放 |
| 纫 | 品 | 魔 | 缝 | 阅 | 戏 | 鱼 | 魔 | 远 | 绘 | 潜 | 读 | 营 | 游 | 游 |
| 艺 | 魔 | 眼 | 松 | 鱼 | 影 | 活 | 心 | 足 | 耳 | 艺 | 鱼 | 趣 | 潜 | 魔 |
| 拳 | 法 | 睛 | 瓷 | 摄 | 织 | 篮 | 活 | 乐 | 朵 | 利 | 营 | 利 | 瓷 | 瓷 |
| 钓 | 戏 | 陶 | 皮 | 肤 | 潜 | 利 | 营 | 舞 | 舞 | 活 | 放 | 舞 | 营 | 工 |
| 陶 | 放 | 织 | 动 | 游 | 术 | 纫 | 舞 | 远 | 猎 | 放 | 营 | 营 | 阅 |
| 益 | 魔 | 放 | 益 | 足 | 工 | 狩 | 阅 | 鱼 | 技 | 手 | 画 | 松 | 钓 |
| 放 | 魔 | 足 | 肘 | 部 | 脑 | 狩 | 足 | 能 | 鱼 | 品 | 读 | 工 | 跳 |
| 影 | 球 | 球 | 摄 | 阅 | 鱼 | 足 | 活 | 能 | 图 | 游 | 远 | 头 | 术 |
| 潜 | 阅 | 露 | 舞 | 术 | 针 | 腿 | 园 | 动 | 击 | 摄 | 跳 | 脖 | 子 |
| 狩 | 阅 | 钓 | 织 | 游 | 松 | 影 | 钓 | 手 | 读 | 舞 | 动 | 颚 | 工 |
| 绘 | 球 | 暇 | 绘 | 戏 | 狩 | 露 | 鱼 | 指 | 动 | 暇 | 足 | 工 | 鼻 | 子 |

肘部                   耳朵
手指                   皮肤
膝盖                   脖子
鼻子                   下巴
眼睛                   前额
肩膀

# 47 - Caminhada

```
动 太 放 魔 瓷 法 山 动 松 趣 织 篮 针 松 趣
画 物 阳 游 品 趣 足 篮 趣 益 钓 暇 营 气 放 工 远
品 暇 纫 水 工 绘 能 艺 露 潜 天 棒 阅 陶 益
足 舞 松 远 利 绘 能 放 营 动 放 缝 地 图 摄
瓷 放 鱼 游 益 狩 猎 潜 戏 技 足 狩 钓 松 营
动 魔 魔 戏 营 园 术 阅 瓷 技 篮 钓 露 拳 足
工 读 活 钓 技 益 潜 术 缝 阅 拼 击 营 读 鱼
暇 魔 营 品 鱼 击 乐 利 织 画 读 读 露 品 荒
乐 益 足 舞 大 影 画 法 读 瓷 画 营 绘 猎 野
瓷 读 画 利 足 自 远 读 绘 狩 准 影 放 放 松
击 纫 暇 影 游 动 靴 狩 纫 备 影 品 阅 猎 陶
危 害 狩 狩 针 然 子 趣 陶 图 累 放 公 园 钓
画 织 纫 棒 远 戏 乐 影 拳 击 乐 阅 拼 摄 足
气 候 缝 技 工 足 阅 足 术 动 石 头 活 远 棒
跳 方 向 拳 潜 利 重 放 崖 指 南 益 球 缝 工
```

露营
动物
靴子
气候
指南
地图
大自然
方向

公园
石头
悬崖
危害
准备
荒野
太阳
天气

# 48 - Biologia

| | | | | | | | | | | | | | | |
|---|---|---|---|---|---|---|---|---|---|---|---|---|---|---|
| 读 | 光 | 进 | 化 | 绘 | 动 | 猎 | 球 | 能 | 图 | 技 | 图 | 营 | 影 | 影 |
| 棒 | 合 | 突 | 戏 | 猎 | 针 | 足 | 缝 | 球 | 放 | 篮 | 钓 | 营 | 游 | 乐 |
| 激 | 作 | 触 | 营 | 舞 | 瓷 | 爬 | 纫 | 松 | 营 | 摄 | 染 | 狩 | 绘 | 营 |
| 素 | 用 | 术 | 法 | 篮 | 神 | 园 | 行 | 钓 | 陶 | 足 | 色 | 足 | 钓 | 松 |
| 篮 | 瓷 | 潜 | 击 | 棒 | 阅 | 经 | 神 | 动 | 篮 | 胚 | 体 | 戏 | 猎 | 猎 |
| 暇 | 暇 | 松 | 放 | 解 | 剖 | 学 | 元 | 渗 | 物 | 胎 | 技 | 趣 | 画 | 活 |
| 球 | 潜 | 活 | 钓 | 足 | 舞 | 魔 | 篮 | 透 | 利 | 暇 | 拼 | 拼 | 酶 | 画 |
| 术 | 胶 | 原 | 技 | 暇 | 阅 | 拳 | 钓 | 艺 | 蛋 | 白 | 质 | 篮 | 营 | 艺 |
| 园 | 潜 | 艺 | 摄 | 狩 | 突 | 放 | 品 | 织 | 摄 | 魔 | 足 | 针 | 钓 | 放 |
| 图 | 松 | 松 | 自 | 然 | 变 | 针 | 击 | 戏 | 益 | 影 | 读 | 技 | 影 | 趣 |
| 共 | 生 | 游 | 露 | 棒 | 利 | 益 | 营 | 技 | 能 | 阅 | 鱼 | 跳 | 乐 | 艺 |
| 品 | 钓 | 哺 | 乳 | 动 | 物 | 动 | 营 | 艺 | 舞 | 益 | 摄 | 放 | 活 | 品 |
| 针 | 阅 | 拳 | 缝 | 阅 | 菌 | 图 | 游 | 远 | 击 | 阅 | 暇 | 工 | 画 | 跳 |
| 陶 | 游 | 影 | 狩 | 露 | 针 | 细 | 画 | 艺 | 园 | 纫 | 露 | 利 | 绘 | 画 |
| 影 | 跳 | 营 | 法 | 动 | 阅 | 胞 | 击 | 读 | 工 | 露 | 艺 | 活 | 击 | 术 |

解剖学　　　　　　　突变
细菌　　　　　　　　自然
细胞　　　　　　　　神经
胶原　　　　　　　　神经元
染色体　　　　　　　渗透
胚胎　　　　　　　　蛋白质
进化　　　　　　　　爬行动物
光合作用　　　　　　共生
激素　　　　　　　　突触
哺乳动物

# 49 - Beleza

| | | | | | | | | | | | | |
|---|---|---|---|---|---|---|---|---|---|---|---|---|
| 球 | 乐 | 阅 | 鱼 | 活 | 潜 | 织 | 影 | 纫 | 球 | 读 | 香 | 阅 | 技 | 睫 |
| 艺 | 活 | 品 | 猎 | 魅 | 力 | 光 | 艺 | 图 | 击 | 营 | 味 | 油 | 技 | 毛 |
| 利 | 绘 | 拳 | 绘 | 法 | 法 | 滑 | 能 | 足 | 技 | 法 | 品 | 游 | 篮 | 膏 |
| 远 | 猎 | 瓷 | 摄 | 园 | 能 | 阅 | 陶 | 戏 | 利 | 阅 | 趣 | 缝 | 园 | 拼 |
| 瓷 | 拳 | 工 | 针 | 趣 | 陶 | 卷 | 舞 | 品 | 园 | 织 | 织 | 拳 | 放 | 织 |
| 营 | 跳 | 绘 | 化 | 妆 | 水 | 发 | 洗 | 画 | 舞 | 图 | 缝 | 戏 | 绘 | 狩 |
| 造 | 工 | 足 | 读 | 工 | 艺 | 鱼 | 球 | 读 | 舞 | 跳 | 钓 | 棒 | 猎 | 阅 |
| 影 | 型 | 技 | 瓷 | 舞 | 缝 | 工 | 技 | 棒 | 拳 | 乐 | 舞 | 剪 | 舞 | 艺 |
| 营 | 画 | 师 | 乐 | 棒 | 技 | 利 | 放 | 远 | 戏 | 足 | 陶 | 刀 | 动 | 露 |
| 画 | 读 | 放 | 画 | 钓 | 颜 | 跳 | 纫 | 能 | 产 | 品 | 镜 | 击 | 猎 | 画 |
| 画 | 暇 | 口 | 利 | 法 | 色 | 钓 | 利 | 瓷 | 球 | 篮 | 服 | 子 | 陶 | 技 |
| 艺 | 画 | 红 | 戏 | 利 | 暇 | 趣 | 猎 | 园 | 织 | 动 | 务 | 跳 | 读 | 绘 |
| 上 | 瓷 | 工 | 狩 | 猎 | 动 | 利 | 戏 | 陶 | 跳 | 营 | 园 | 远 | 潜 | 舞 |
| 陶 | 镜 | 棒 | 鱼 | 优 | 品 | 陶 | 击 | 读 | 画 | 品 | 游 | 皮 | 肤 | 技 |
| 阅 | 艺 | 织 | 趣 | 雅 | 球 | 法 | 化 | 妆 | 品 | 猎 | 放 | 术 | 益 | 陶 |

| | |
|---|---|
| 口红 | 香味 |
| 卷发 | 化妆 |
| 魅力 | 皮肤 |
| 颜色 | 产品 |
| 化妆品 | 睫毛膏 |
| 优雅 | 服务 |
| 镜子 | 光滑 |
| 造型师 | 剪刀 |
| 上镜 | 洗发水 |

# 50 - Água

| | | | | | | | | | | | | | | |
|---|---|---|---|---|---|---|---|---|---|---|---|---|---|---|
| 织 | 图 | 活 | 戏 | 雨 | 法 | 棒 | 灌 | 游 | 利 | 读 | 舞 | 鱼 | 陶 | 远 |
| 间 | 园 | 缝 | 足 | 海 | 洋 | 摄 | 远 | 溉 | 球 | 艺 | 蒸 | 品 | 阅 | 绘 |
| 针 | 歇 | 钓 | 营 | 跳 | 品 | 利 | 狩 | 阅 | 湿 | 度 | 汽 | 舞 | 游 | 霜 |
| 篮 | 棒 | 泉 | 湖 | 露 | 活 | 放 | 趣 | 品 | 利 | 摄 | 纫 | 放 | 影 | 趣 |
| 鱼 | 拼 | 雪 | 利 | 术 | 动 | 营 | 读 | 篮 | 陶 | 放 | 工 | 绘 | 营 | 织 |
| 图 | 陶 | 飓 | 潜 | 狩 | 暇 | 露 | 纫 | 利 | 益 | 放 | 足 | 能 | 拼 | 读 |
| 放 | 摄 | 球 | 风 | 纫 | 技 | 摄 | 纫 | 法 | 松 | 绘 | 足 | 趣 | 织 | 远 |
| 技 | 工 | 球 | 淋 | 针 | 图 | 跳 | 织 | 园 | 摄 | 洪 | 水 | 针 | 鱼 | 画 |
| 技 | 能 | 鱼 | 浴 | 拼 | 魔 | 跳 | 利 | 潜 | 跳 | 季 | 暇 | 能 | 远 | 读 |
| 蒸 | 织 | 趣 | 品 | 远 | 针 | 活 | 能 | 画 | 织 | 风 | 画 | 戏 | 能 | 球 |
| 发 | 艺 | 织 | 游 | 益 | 潜 | 针 | 绘 | 鱼 | 松 | 击 | 游 | 波 | 浪 | 瓷 |
| 动 | 艺 | 鱼 | 织 | 艺 | 远 | 戏 | 画 | 阅 | 舞 | 法 | 园 | 潜 | 工 | 益 |
| 利 | 活 | 足 | 游 | 击 | 纫 | 影 | 动 | 篮 | 读 | 放 | 魔 | 利 | 松 | 织 |
| 阅 | 图 | 棒 | 舞 | 益 | 能 | 影 | 陶 | 河 | 远 | 鱼 | 活 | 游 | 跳 | 拳 |
| 篮 | 拳 | 针 | 术 | 动 | 艺 | 鱼 | 利 | 运 | 图 | 冰 | 园 | 戏 | 益 | 工 |

| | |
|---|---|
| 运河 | 灌溉 |
| 淋浴 | 季风 |
| 蒸发 | 海洋 |
| 飓风 | 波浪 |
| 间歇泉 | 湿度 |
| 洪水 | 蒸汽 |

# 51 - Família

| 营 | 孩 | 子 | 妻 | 拳 | 游 | 画 | 足 | 影 | 利 | 兄 | 法 | 跳 | 法 | 篮 |
|---|---|---|---|---|---|---|---|---|---|---|---|---|---|---|
| 棒 | 能 | 侄 | 钓 | 戏 | 先 | 母 | 术 | 阿 | 姨 | 弟 | 露 | 艺 | 乐 | 画 |
| 棒 | 儿 | 女 | 棒 | 品 | 足 | 祖 | 父 | 法 | 篮 | 钓 | 法 | 术 | 纫 | 拳 |
| 工 | 绘 | 叔 | 织 | 远 | 陶 | 工 | 游 | 影 | 击 | 图 | 侄 | 子 | 动 | 营 |
| 针 | 织 | 狩 | 叔 | 针 | 拳 | 摄 | 拳 | 工 | 工 | 绘 | 趣 | 露 | 跳 | 松 |
| 篮 | 动 | 益 | 猎 | 棒 | 趣 | 猎 | 画 | 缝 | 远 | 猎 | 姐 | 姐 | 棒 | 舞 |
| 读 | 松 | 绘 | 拼 | 棒 | 能 | 纫 | 读 | 术 | 品 | 织 | 游 | 拳 | 球 | 拼 |
| 纫 | 摄 | 棒 | 益 | 工 | 园 | 舞 | 读 | 跳 | 画 | 纫 | 猎 | 图 | 术 | 图 |
| 动 | 营 | 露 | 狩 | 钓 | 狩 | 摄 | 术 | 松 | 跳 | 猎 | 露 | 露 | 能 | 拳 |
| 瓷 | 篮 | 读 | 孙 | 阅 | 松 | 跳 | 针 | 拳 | 松 | 棒 | 法 | 魔 | 足 | 瓷 |
| 陶 | 织 | 瓷 | 子 | 能 | 品 | 艺 | 猎 | 舞 | 画 | 图 | 园 | 舞 | 读 | 工 |
| 钓 | 放 | 鱼 | 艺 | 猎 | 钓 | 针 | 术 | 拼 | 击 | 父 | 亲 | 瓷 | 产 | 妇 |
| 丈 | 魔 | 画 | 瓷 | 戏 | 暇 | 图 | 能 | 鱼 | 父 | 拼 | 母 | 读 | 父 | 游 |
| 夫 | 舞 | 术 | 阅 | 画 | 童 | 年 | 球 | 狩 | 松 | 表 | 哥 | 动 | 亲 | 绘 |
| 针 | 园 | 读 | 活 | 乐 | 狩 | 工 | 瓷 | 趣 | 舞 | 缝 | 艺 | 读 | 的 | 拼 |

祖先
祖母
祖父
孩子
妻子
女儿
童年
姐姐
兄弟
丈夫

产妇
母亲
孙子
父亲
父亲的
表哥
侄女
侄子
阿姨
叔叔

| 益 | 技 | 利 | 动 | 艺 | 魔 | 狩 | 缝 | 潜 | 放 | 绘 | 魔 | 潜 | 餐 | 织 |
|---|---|---|---|---|---|---|---|---|---|---|---|---|---|---|
| 魔 | 护 | 读 | 针 | 摄 | 球 | 织 | 远 | 球 | 活 | 出 | 拼 | 跳 | 拼 | 厅 |
| 片 | 照 | 舞 | 暇 | 鱼 | 益 | 趣 | 潜 | 放 | 猎 | 租 | 拼 | 术 | 园 | 击 |
| 图 | 工 | 纫 | 画 | 露 | 纫 | 拳 | 假 | 魔 | 机 | 车 | 狩 | 足 | 乐 | 瓷 |
| 纫 | 足 | 远 | 拳 | 舞 | 旅 | 程 | 期 | 工 | 场 | 魔 | 技 | 读 | 外 | 技 |
| 暇 | 露 | 戏 | 工 | 足 | 足 | 图 | 放 | 纫 | 工 | 远 | 影 | 舞 | 国 | 放 |
| 松 | 营 | 针 | 运 | 目 | 的 | 地 | 瓷 | 球 | 游 | 瓷 | 岛 | 露 | 人 | 品 |
| 技 | 园 | 摄 | 输 | 工 | 乐 | 园 | 拼 | 缝 | 跳 | 松 | 足 | 暇 | 钓 | 能 |
| 趣 | 魔 | 针 | 图 | 织 | 跳 | 阅 | 钓 | 动 | 动 | 球 | 营 | 画 | 术 | 能 |
| 园 | 影 | 利 | 松 | 画 | 活 | 跳 | 图 | 潜 | 读 | 露 | 陶 | 动 | 拳 | 绘 |
| 鱼 | 阅 | 法 | 篮 | 纫 | 海 | 摄 | 针 | 摄 | 趣 | 术 | 针 | 摄 | 签 | 戏 |
| 画 | 钓 | 绘 | 帐 | 篷 | 读 | 缝 | 篮 | 术 | 品 | 拳 | 读 | 趣 | 证 | 技 |
| 织 | 技 | 织 | 击 | 利 | 陶 | 图 | 戏 | 织 | 松 | 跳 | 法 | 趣 | 营 | 鱼 |
| 酒 | 店 | 能 | 动 | 放 | 棒 | 海 | 滩 | 瓷 | 益 | 棒 | 工 | 放 | 品 | 园 |
| 戏 | 陶 | 营 | 猎 | 戏 | 潜 | 术 | 陶 | 足 | 松 | 潜 | 影 | 钓 | 松 | 松 |

露营
机场
目的地
外国人
假期
照片
酒店
地图

护照
海滩
餐厅
出租车
帐篷
运输
旅程
签证

# 53 - Edifícios

织 绘 塔 击 术 博 物 馆 帐 鱼 工 活 绘 能 织
足 画 动 益 读 缝 潜 使 篷 拼 医 车 益 乐 动
学 暇 篮 猎 戏 技 猎 大 利 谷 仓 院 库 瓷 摄
校 瓷 游 狩 天 趣 法 阅 能 利 远 图 艺 魔 远
暇 球 趣 读 文 猎 球 放 舞 戏 利 活 酒 店 织
潜 影 摄 摄 台 农 益 放 摄 益 鱼 狩 营 跳 狩
棒 电 影 动 拳 场 育 体 摄 远 读 织 魔 艺 针
织 乐 陶 潜 魔 市 足 猎 技 能 狩 品 绘 陶 鱼
纫 球 篮 画 陶 级 营 瓷 实 剧 技 织 足 暇 术
纫 影 拳 图 法 超 城 堡 验 院 击 技 大 学 品
工 拳 远 放 陶 陶 工 术 室 绘 钓 纫 舞 足 拳
图 松 益 缝 球 益 陶 厂 足 公 乐 品 读 魔 乐
绘 松 术 品 能 舞 阅 篮 工 寓 术 画 跳 织 潜
舞 画 影 趣 艺 艺 篮 工 能 法 棒 影 法 放 技
暇 松 影 鱼 织 法 瓷 拼 露 击 潜 趣 动 绘 球

| | |
|---|---|
| 公寓 | 医院 |
| 城堡 | 酒店 |
| 谷仓 | 实验室 |
| 电影 | 博物馆 |
| 大使馆 | 天文台 |
| 学校 | 超级市场 |
| 体育场 | 剧院 |
| 农场 | 帐篷 |
| 工厂 | 大学 |
| 车库 | |

# 54 - Aventura

```
棒 松 安 全 旅 暇 瓷 织 利 潜 松 远 园 益 画
缝 远 篮 舞 行 潜 暇 击 大 能 营 击 足 瓷 棒
陶 趣 品 图 能 魔 法 钓 自 影 阅 趣 绘 绘 篮
艺 远 品 陶 远 跳 拼 影 然 绘 拼 针 导 戏 游
魔 动 远 篮 瓷 松 棒 挑 行 程 利 异 织 航 园
读 工 朋 友 游 松 跳 拳 战 准 备 常 营 图 狩
趣 营 远 趣 图 击 乐 篮 舞 织 困 危 陶 魔 钓
画 勇 钓 动 跳 戏 缝 绘 缝 拼 难 险 法 图 动
益 敢 拳 营 利 活 动 织 拼 织 击 陶 乐 舞 品
猎 趣 拳 织 技 喜 悦 图 篮 狩 缝 魔 画 动 放
活 拼 戏 画 潜 绘 趣 乐 鱼 活 绘 魔 读 纫
影 法 工 篮 活 能 纫 趣 技 营 拳 热 击 摄 远
钓 球 狩 露 机 会 拼 新 织 活 跳 情 技 魔 乐
拼 法 松 猎 拳 球 地 目 远 击 工 放 游 狩
乐 活 棒 跳 活 针 营 乐 动 美 击 远 猎 远 乐
```

喜悦
朋友
活动
勇敢
机会
挑战
目的地
困难
热情
远足

异常
行程
大自然
导航
新的
危险
准备
安全
旅行

# 55 - Floresta Tropical

| 放 | 陶 | 摄 | 读 | 缝 | 图 | 哺 | 技 | 云 | 狩 | 戏 | 钓 | 术 | 影 | 植 |
|---|---|---|---|---|---|---|---|---|---|---|---|---|---|---|
| 织 | 跳 | 影 | 舞 | 拳 | 舞 | 魔 | 乳 | 猎 | 缝 | 园 | 陶 | 艺 | 球 | 物 |
| 术 | 活 | 阅 | 利 | 游 | 画 | 潜 | 放 | 动 | 击 | 绘 | 拳 | 工 | 图 | 足 |
| 有 | 价 | 值 | 的 | 拼 | 工 | 摄 | 生 | 种 | 物 | 动 | 栖 | 两 | 术 | 钓 |
| 社 | 区 | 尊 | 重 | 动 | 松 | 钓 | 存 | 游 | 益 | 陶 | 摄 | 篮 | 艺 | 技 |
| 鸟 | 缝 | 益 | 潜 | 针 | 技 | 球 | 拼 | 工 | 击 | 大 | 自 | 然 | 动 | 保 |
| 类 | 趣 | 术 | 能 | 暇 | 乐 | 多 | 拼 | 营 | 游 | 能 | 能 | 鱼 | 跳 | 存 |
| 针 | 术 | 瓷 | 艺 | 乐 | 读 | 戏 | 样 | 丛 | 林 | 园 | 拼 | 趣 | 能 | 球 |
| 跳 | 工 | 拳 | 气 | 图 | 能 | 益 | 苔 | 性 | 潜 | 活 | 乐 | 能 | 画 | 品 |
| 球 | 放 | 趣 | 松 | 候 | 活 | 园 | 藓 | 营 | 园 | 摄 | 摄 | 潜 | 工 | 远 |
| 拼 | 游 | 拳 | 能 | 趣 | 足 | 活 | 动 | 篮 | 戏 | 魔 | 阅 | 猎 | 益 | 避 |
| 利 | 能 | 钓 | 画 | 摄 | 恢 | 复 | 戏 | 拳 | 钓 | 棒 | 陶 | 法 | 戏 | 难 |
| 狩 | 摄 | 法 | 远 | 影 | 工 | 纫 | 足 | 品 | 品 | 露 | 品 | 击 | 暇 | 所 |
| 画 | 工 | 潜 | 针 | 工 | 露 | 乐 | 棒 | 趣 | 针 | 狩 | 动 | 猎 | 能 | 猎 |
| 针 | 猎 | 能 | 远 | 狩 | 潜 | 益 | 暇 | 影 | 图 | 昆 | 虫 | 狩 | 棒 | 动 |

| | |
|---|---|
| 两栖动物 | 大自然 |
| 植物 | 鸟类 |
| 气候 | 保存 |
| 社区 | 避难所 |
| 多样性 | 尊重 |
| 物种 | 恢复 |
| 昆虫 | 丛林 |
| 哺乳动物 | 生存 |
| 苔藓 | 有价值的 |

# 56 - Cidade

远 药 店 乐 松 织 戏 图 松 钓 图 能 拼 远 读
大 学 花 游 击 舞 戏 钓 拳 品 书 活 沙 龙 摄
跳 剧 书 店 游 瓷 摄 阅 潜 益 馆 动 趣 餐 厅
摄 纫 院 银 球 舞 钓 画 读 舞 针 工 篮 图 钓
阅 法 术 行 魔 陶 篮 博 物 馆 击 营 篮 读 陶
活 工 狩 拼 棒 画 图 远 跳 跳 陶 法 技 营 放
乐 绘 活 魔 露 陶 棒 击 绘 画 读 跳 球 魔 露
摄 趣 面 营 电 影 纫 舞 陶 舞 营 远 术 针 摄
魔 露 包 学 乐 活 露 针 远 戏 益 露 益 图 活
瓷 品 店 纫 校 动 陶 品 猎 松 技 体 工 摄 益
针 活 能 趣 益 物 暇 拼 乐 影 魔 猎 育 篮 篮
绘 图 读 画 舞 园 乐 法 舞 猎 纫 瓷 篮 场 利
酒 店 击 品 暇 拼 机 场 放 狩 针 跳 绘 动 影
图 术 篮 猎 纫 超 级 市 场 陶 暇 阅 鱼 术 绘
暇 趣 跳 影 画 廊 暇 营 钓 营 跳 读 阅 活 魔

| | |
|---|---|
| 机场 | 动物园 |
| 银行 | 书店 |
| 图书馆 | 市场 |
| 电影 | 博物馆 |
| 学校 | 面包店 |
| 体育场 | 餐厅 |
| 药店 | 沙龙 |
| 花店 | 超级市场 |
| 画廊 | 剧院 |
| 酒店 | 大学 |

# 57 - Música

绘 击 游 和 篮 拳 瓷 拳 活 魔 利 画 摄 古 典
麦 克 风 谐 益 放 读 放 篮 抒 营 画 利 益 利
缝 足 乐 放 钓 阅 品 动 乐 戏 情 摄 营 能 陶
图 营 露 球 家 合 唱 松 乐 暇 活 活 足 暇 动
法 影 织 乐 剧 乐 音 足 戏 阅 艺 品 球 戏 跳
棒 鱼 能 织 歌 录 音 民 松 戏 活 足 球 趣 露
唱 凑 合 能 活 拼 趣 谣 节 纫 球 缝 远 戏 游
跳 跳 绘 绘 活 篮 园 足 奏 图 球 缝 松 能 活
魔 松 活 钓 读 远 艺 工 棒 绘 乐 影 图 乐 球
钓 猎 画 活 篮 图 营 歌 戏 篮 松 足 阅 潜 舞
仪 读 游 陶 品 趣 工 手 速 动 棒 绘 影 拳 声
工 器 营 戏 专 辑 活 篮 度 利 钓 拼 针 旋 乐
针 法 舞 松 篮 园 针 织 陶 狩 乐 艺 影 律 球
艺 戏 法 针 动 魔 术 足 诗 能 击 缝 律 乐 松
戏 潜 狩 瓷 动 绘 放 舞 意 露 远 钓 远 拼 画

专辑
民谣
歌手
古典
合唱
录音
和谐
凑合
仪器
抒情

旋律
麦克风
音乐剧
音乐家
歌剧
诗意
节奏
速度
声乐

# 58 - Matemática

| 术 | 平 | 益 | 跳 | 球 | 跳 | 阅 | 几 | 营 | 艺 | 益 | 益 | 织 | 园 | 瓷 |
|---|---|---|---|---|---|---|---|---|---|---|---|---|---|---|
| 乐 | 魔 | 行 | 篮 | 拳 | 工 | 远 | 何 | 球 | 猎 | 击 | 织 | 乐 | 园 | 跳 |
| 魔 | 方 | 程 | 多 | 拼 | 织 | 球 | 学 | 技 | 针 | 织 | 广 | 利 | 趣 | 垂 |
| 球 | 鱼 | 篮 | 边 | 阅 | 游 | 动 | 品 | 钓 | 动 | 放 | 场 | 分 | 数 | 直 |
| 和 | 动 | 图 | 形 | 矩 | 潜 | 活 | 活 | 足 | 狩 | 球 | 摄 | 陶 | 棒 | 击 |
| 绘 | 摄 | 潜 | 平 | 行 | 四 | 边 | 形 | 舞 | 猎 | 拼 | 对 | 魔 | 摄 | 动 |
| 技 | 图 | 潜 | 影 | 拼 | 活 | 益 | 营 | 术 | 算 | 钓 | 称 | 读 | 针 | 术 |
| 戏 | 暇 | 魔 | 卷 | 拼 | 织 | 画 | 织 | 法 | 棒 | 术 | 园 | 放 | 拳 | 图 |
| 足 | 阅 | 周 | 营 | 趣 | 暇 | 读 | 十 | 进 | 制 | 益 | 读 | 跳 | 潜 | 活 |
| 猎 | 远 | 远 | 长 | 篮 | 技 | 读 | 术 | 品 | 魔 | 图 | 园 | 魔 | 图 | 阅 |
| 跳 | 拳 | 工 | 暇 | 拳 | 猎 | 钓 | 拼 | 击 | 拼 | 读 | 活 | 舞 | 读 | 活 |
| 活 | 艺 | 陶 | 魔 | 魔 | 游 | 艺 | 钓 | 法 | 图 | 艺 | 益 | 摄 | 益 | 活 |
| 露 | 舞 | 角 | 度 | 狩 | 半 | 篮 | 戏 | 园 | 钓 | 三 | 鱼 | 影 | 松 | |
| 读 | 足 | 拼 | 舞 | 技 | 径 | 魔 | 艺 | 艺 | 暇 | 法 | 角 | 指 | 数 | 舞 |
| 潜 | 跳 | 益 | 露 | 读 | 直 | 摄 | 纫 | 缝 | 拳 | 乐 | 形 | 钓 | 击 | 乐 |

算术      平行

角度      平行四边形

周长      垂直

十进制     多边形

直径      广场

方程      半径

指数      矩形

分数      对称

几何学     三角形

# 59 - Saúde e Bem Estar #1

| | | | | | | | | | | | | | |
|---|---|---|---|---|---|---|---|---|---|---|---|---|---|
| 阅 | 露 | 松 | 陶 | 篮 | 狩 | 狩 | 陶 | 露 | 阅 | 利 | 放 | 影 | 技 | 戏 |
| 放 | 松 | 动 | 击 | 足 | 针 | 远 | 跳 | 工 | 狩 | 技 | 病 | 绘 | 狩 | 击 |
| 法 | 阅 | 拼 | 技 | 阅 | 缝 | 篮 | 跳 | 足 | 拼 | 魔 | 毒 | 陶 | 影 | 营 |
| 法 | 拼 | 技 | 技 | 织 | 细 | 钓 | 缝 | 织 | 篮 | 松 | 皮 | 反 | 射 | 姿 |
| 读 | 纫 | 狩 | 诊 | 所 | 菌 | 能 | 店 | 放 | 趣 | 医 | 肤 | 阅 | 瓷 | 势 |
| 纫 | 活 | 工 | 法 | 潜 | 放 | 球 | 药 | 松 | 棒 | 露 | 生 | 足 | 画 | 益 |
| 治 | 疗 | 补 | 充 | 剂 | 狩 | 针 | 鱼 | 能 | 游 | 神 | 拼 | 高 | 度 | 针 |
| 法 | 潜 | 营 | 工 | 品 | 露 | 缝 | 球 | 瓷 | 棒 | 利 | 经 | 陶 | 激 | 法 |
| 乐 | 饥 | 饿 | 绘 | 阅 | 陶 | 暇 | 断 | 绘 | 法 | 篮 | 篮 | 篮 | 益 | 素 |
| 棒 | 舞 | 露 | 绘 | 园 | 织 | 击 | 裂 | 瓷 | 跳 | 舞 | 品 | 瓷 | 读 | 术 |
| 拳 | 暇 | 跳 | 能 | 纫 | 潜 | 乐 | 骨 | 鱼 | 动 | 缝 | 纫 | 放 | 品 | 足 |
| 读 | 工 | 魔 | 影 | 露 | 趣 | 鱼 | 头 | 击 | 潜 | 鱼 | 摄 | 乐 | 篮 | 园 |
| 球 | 远 | 针 | 益 | 潜 | 舞 | 绘 | 露 | 足 | 陶 | 瓷 | 篮 | 缝 | 乐 | 品 |
| 鱼 | 放 | 绘 | 园 | 影 | 猎 | 露 | 图 | 肌 | 肉 | 狩 | 画 | 营 | 营 | 影 | 击 |
| 暇 | 拳 | 鱼 | 跳 | 营 | 远 | 足 | 阅 | 足 | 狩 | 松 | 拳 | 纫 | 习 | 惯 |

高度
高 度
细 菌
诊 所
医 生
药 店
饥 饿
断 裂
习 惯
激 素
肌 肉

神 经
神 经
骨 头
皮 肤
姿 势
反 射
放 松
补 充 剂
治 疗
病 毒

# 60 - Natureza

魔 热 带 宁 静 品 暇 趣 画 暇 狩 美 云 拳 影
阅 趣 击 影 舞 图 绘 乐 摄 瓷 摄 纫 放 技 图
摄 侵 蚀 北 露 术 能 拼 品 击 能 狩 棒 利 跳
重 要 的 极 魔 戏 影 益 趣 趣 狩 远 森 园 拼
趣 阅 猎 摄 钓 益 摄 乐 影 松 足 纫 露 林 法
影 魔 游 益 读 纫 摄 阅 纫 魔 动 足 潜 图 篮
品 狩 魔 狩 篮 猎 品 庇 织 狩 篮 绘 游 放 戏
乐 能 阅 钓 蜜 营 纫 护 艺 狩 篮 摄 魔 营 篮
球 术 绘 术 益 蜂 球 所 难 避 图 针 猎 技 益
瓷 工 针 动 河 跳 暇 跳 绘 技 益 品 趣 远 和
瓷 球 术 缝 物 缝 针 球 能 能 织 游 摄 绘 平
露 瓷 狩 露 动 态 技 鱼 活 游 瓷 拳 足 瓷 跳
益 利 击 鱼 魔 读 雾 树 钓 钓 松 法 荒 动 棒
趣 拳 球 摄 冰 川 游 叶 拼 跳 沙 漠 野 益 乐
益 营 跳 松 影 篮 乐 露 活 击 法 图 影 活 魔

| | |
|---|---|
| 蜜蜂 | 树叶 |
| 庇护所 | 冰川 |
| 动物 | 和平 |
| 北极 | 避难所 |
| 沙漠 | 荒野 |
| 动态 | 宁静 |
| 侵蚀 | 热带 |
| 森林 | 重要的 |

# 61 - A Empresa

```
跳 益 乐 术 针 拳 法 游 篮 工 狩 资 陶 介 远
声 誉 风 单 位 足 放 创 新 的 击 投 源 绍 远
纫 猎 险 缝 能 工 猎 园 拼 益 篮 绘 游 进 影
趣 篮 暇 放 利 放 益 拼 狩 拼 球 狩 质 展 露
就 术 放 动 趣 篮 戏 足 读 专 读 鱼 量 魔 益
业 营 动 远 舞 动 活 击 业 的 商 可 园 暇 魔
影 画 篮 活 法 趣 益 阅 决 术 能 园 营 足 阅
绘 乐 松 活 鱼 篮 棒 篮 拼 定 品 性 钓 纫 营
瓷 织 足 拼 拳 狩 放 猎 园 益 营 潜 戏 创 绘
戏 绘 针 动 潜 法 画 游 潜 阅 营 益 意 瓷 读
松 益 足 画 产 品 松 画 收 陶 露 篮 工 活 读
远 瓷 鱼 跳 图 动 戏 跳 入 工 业 趣 绘 画 击
跳 狩 跳 足 趋 棒 击 纫 钓 远 能 绘 猎 图 缝
利 活 猎 术 势 跳 陶 拼 篮 利 法 猎 活
放 击 影 球 乐 图 艺 舞 陶 园 潜 狩 图
```

介绍
创意
决定
就业
工业
创新的
投资
商业
可能性
产品

专业的
进展
质量
收入
资源
声誉
风险
趋势
单位

# 62 - Doença

能跳戏舞猎陶细神戏魔艺品露缝陶
画法针病原体菌经缝魔织弱远法击
画鱼鱼阅影动远病慢织能松治绘暇
趣狩暇猎炎工读放性染传疗摄钓
鱼跳营艺症钓织松技艺技遗拼棒影
动击腰椎拼暇鱼品拼园戏钓影球品
击猎狩身放画足猎足过潜露趣针缝
术阅动体乐读技松放针敏益织钓暇
活球球活击击针鱼营魔猎织猎游园魔
游露球心动织园击戏趣暇急缝工利
魔拳球园魔营足益活陶性腹部舞
跳阅足画钓织魔鱼织利健康法织
跳动图篮乐园织瓷趣潜益症画术
跳击露免技呼吸的动纫纫技状骨头
放拳趣疫读益动游棒拳瓷益益园露

腹部　　　　　　炎症
急性　　　　　　腰椎
过敏　　　　　　神经病
细菌　　　　　　骨头
传染性　　　　　病原体
身体　　　　　　呼吸的
慢性　　　　　　健康
遗传　　　　　　症状
免疫　　　　　　治疗

# 63 - Aquecimento Global

| | | | | | | | | | | | | | | |
|---|---|---|---|---|---|---|---|---|---|---|---|---|---|---|
| 艺 | 纫 | 针 | 纫 | 摄 | 瓷 | 活 | 跳 | 拼 | 球 | 织 | 摄 | 气 | 跳 | 活 |
| 篮 | 篮 | 戏 | 击 | 代 | 科 | 学 | 家 | 后 | 果 | 环 | 乐 | 体 | 摄 | 法 |
| 戏 | 营 | 工 | 园 | 活 | 摄 | 品 | 舞 | 工 | 业 | 境 | 潜 | 跳 | 数 | 人 |
| 跳 | 危 | 能 | 拳 | 乐 | 拼 | 针 | 法 | 织 | 跳 | 的 | 绘 | 数 | 据 | 类 |
| 缝 | 机 | 拼 | 趣 | 鱼 | 读 | 活 | 缝 | 魔 | 摄 | 瓷 | 动 | 露 | 拼 | 能 |
| 放 | 远 | 魔 | 画 | 法 | 能 | 击 | 拼 | 阅 | 跳 | 利 | 远 | 露 | 戏 | 游 |
| 能 | 针 | 艺 | 利 | 潜 | 魔 | 猎 | 织 | 跳 | 游 | 画 | 狩 | 图 | 猎 | 营 |
| 鱼 | 艺 | 品 | 陶 | 棒 | 远 | 篮 | 拳 | 露 | 篮 | 远 | 摄 | 瓷 | 击 | 织 |
| 能 | 猎 | 拳 | 魔 | 鱼 | 放 | 拼 | 术 | 乐 | 图 | 足 | 人 | 狩 | 能 | 源 |
| 织 | 园 | 拳 | 织 | 游 | 戏 | 乐 | 篮 | 鱼 | 温 | 品 | 口 | 击 | 术 | 篮 |
| 球 | 魔 | 未 | 来 | 钓 | 营 | 利 | 立 | 猎 | 度 | 益 | 潜 | 跳 | 利 | 乐 |
| 能 | 针 | 趣 | 利 | 政 | 府 | 猎 | 法 | 暇 | 放 | 法 | 织 | 织 | 棒 | 趣 |
| 击 | 能 | 发 | 展 | 北 | 园 | 技 | 远 | 法 | 摄 | 钓 | 潜 | 瓷 | 现 | 园 |
| 技 | 品 | 趣 | 画 | 游 | 极 | 拳 | 篮 | 术 | 国 | 游 | 益 | 远 | 在 | 影 |
| 技 | 趣 | 气 | 候 | 钓 | 绘 | 放 | 术 | 舞 | 际 | 术 | 织 | 益 | 术 | 鱼 |

现在　　　　　　　未来
环境的　　　　　　气体
北极　　　　　　　政府
科学家　　　　　　人类
气候　　　　　　　工业
后果　　　　　　　国际
危机　　　　　　　立法
数据　　　　　　　人口
发展　　　　　　　温度
能源

# 64 - Aviões

| 益 | 天 | 气 | 空 | 乘 | 松 | 拼 | 瓷 | 瓷 | 摄 | 营 | 舞 | 利 | 摄 | 园 |
|---|---|---|---|---|---|---|---|---|---|---|---|---|---|---|
| 法 | 绘 | 鱼 | 乐 | 客 | 氢 | 方 | 向 | 趣 | 益 | 篮 | 动 | 球 | 阅 | 园 |
| 法 | 营 | 工 | 棒 | 画 | 魔 | 益 | 动 | 舞 | 针 | 利 | 乐 | 品 | 艺 | 针 |
| 活 | 拳 | 读 | 远 | 气 | 趣 | 拳 | 潜 | 瓷 | 术 | 足 | 活 | 营 | 跳 | 狩 |
| 拼 | 活 | 摄 | 棒 | 暇 | 球 | 钓 | 摄 | 潜 | 舞 | 活 | 绘 | 缝 | 猎 | 游 |
| 术 | 瓷 | 篮 | 营 | 织 | 远 | 利 | 潜 | 戏 | 画 | 露 | 绘 | 图 | 击 | 读 |
| 法 | 绘 | 针 | 鱼 | 膨 | 画 | 降 | 落 | 法 | 益 | 纫 | 放 | 篮 | 狩 | 拳 |
| 湍 | 流 | 动 | 放 | 胀 | 读 | 下 | 缝 | 术 | 画 | 影 | 钓 | 松 | 益 | 绘 |
| 摄 | 能 | 动 | 图 | 读 | 动 | 技 | 暇 | 图 | 乐 | 钓 | 拼 | 益 | 陶 | 松 |
| 纫 | 技 | 针 | 戏 | 读 | 狩 | 绘 | 影 | 飞 | 读 | 员 | 猎 | 鱼 | 画 | 技 |
| 跳 | 益 | 篮 | 读 | 暇 | 燃 | 瓷 | 影 | 能 | 行 | 船 | 鱼 | 导 | 大 | 园 |
| 图 | 缝 | 篮 | 舞 | 钓 | 料 | 陶 | 历 | 猎 | 营 | 法 | 航 | 气 | 针 | |
| 高 | 度 | 松 | 松 | 缝 | 织 | 鱼 | 史 | 露 | 鱼 | 图 | 趣 | 层 | 艺 | |
| 艺 | 鱼 | 乐 | 露 | 松 | 天 | 棒 | 冒 | 险 | 钓 | 引 | 术 | 鱼 | 拼 | |
| 游 | 活 | 放 | 魔 | 鱼 | 品 | 空 | 园 | 魔 | 陶 | 品 | 擎 | 园 | 陶 | 术 |

高度
空气
降落
大气层
冒险
气球
天空
燃料
下降
方向

历史
膨胀
引擎
导航
乘客
飞行员
天气员
船员
湍流

# 65 - Tipos de Cabelo

```
松 活 活 品 织 法 发 金 薄 棕 图 猎 园 钓 足
球 阅 棒 园 银 棒 球 瓷 色 法 拳 露 术 利
影 法 针 潜 健 康 动 曲 术 园 针 绘 绘 跳 潜
绘 戏 击 动 黑 戏 跳 画 针 猎 陶 秃 阅 篮 影
鱼 拼 缝 织 色 图 缝 活 球 摄 利 乐 动 绘 拼
魔 活 松 纫 白 狩 法 棒 松 摄 拳 营 鱼 松 织
利 动 法 技 法 狩 松 跳 魔 潜 术 放 品 陶 拳
棒 远 活 读 魔 露 针 乐 戏 足 猎 读 织 营 技
猎 针 活 绘 暇 画 棒 纫 短 暇 跳 球 远 暇 松
闪 厚 篮 影 狩 纫 长 技 阅 乐 编 营 法 鱼 利
击 亮 猎 鱼 暇 艺 乐 戏 瓷 图 织 摄 益 读 乐
摄 狩 的 软 柔 辫 灰 潜 法 法 法 影 读 拳 能
足 读 动 篮 趣 子 狩 色 干 舞 远 球 松 艺 法
跳 趣 远 足 绘 影 钓 纫 品 放 魔 术 读 舞 织
陶 法 潜 趣 拼 活 绘 棒 放 瓷 阅 趣 放 暇 游
```

| | |
|---|---|
| 白色 | 棕色 |
| 闪亮的 | 黑色 |
| 卷发 | 健康 |
| 灰色 | 柔软的 |
| 卷曲 | 编织 |
| 金发 | 辫子 |

# 66 - Formas

棒远缝魔纫术露狩舞利纫摄影三画
猎织织戏露图工品松阅影棱画角摄
露击纫图陶圆筒品艺击艺鱼镜形瓷
法远角落钓钓陶趣瓷狩戏篮猎戏图
针纫鱼活弧多边形读绘营球钓游潜
利形猎阅阅利织摄鱼舞足放阅织棒
椭圆营工影钓戏拼趣拼瓷鱼游篮艺
鱼椭摄跳舞园露钓广纫阅篮猎拳技
远艺营足阅金陶松场瓷趣益针拼篮
影线锥体圈远字读戏针边针暇远远
拼活工益拼钓陶塔狩跳钓游织远魔
影松绘品艺动影艺读绘狩立针球营
利暇篮织暇潜暇露舞游益方绘动双
游鱼钓猎织戏纫工魔球戏体远线曲
戏读魔戏摄营钓远活拳矩形阅戏线

| | |
|---|---|
| 角落 | 椭圆形 |
| 圆筒 | 金字塔 |
| 锥体 | 多边形 |
| 立方体 | 棱镜 |
| 曲线 | 广场 |
| 椭圆 | 矩形 |
| 双曲线 | 三角形 |

# 67 - Criatividade

露图松法活艺钓流动性印象园放狩
拼像足艺利画钓松乐戏陶游击魔远
画放松篮术艺游影戏表趣阅击瓷图
法游狩利放艺活棒松工达技画戏瓷
工松影拼趣读术绘益击游能狩园针
影瓷露露暇阅摄的工陶陶活阅能钓
暇益缝影舞乐放活暇想活乐愿景潜
潜情绪益拼读游球营击象艺棒能阅
强度乐术阅潜动拼情影拳力缝魔露
活品拼艺灵图阅摄感觉直活影露益
暇阅品针感狩技瓷趣棒营摄摄发陶
击足篮放潜技自发的真猎图晰明跳
暇狩拼绘摄放狩游画实游纫戏艺艺
绘法拼能魔园球益针性剧戏利陶阅
纫放拳影缝趣放戏钓缝缝技钓足游

艺术的            想象力
真实性            印象
明晰              灵感
戏剧性            强度
情绪              直觉
自发的            发明
表达              感觉
流动性            感情
技能              愿景
图像              活力

# 68 - Dias e Meses

| | | | | | | | | | | | | | | |
|---|---|---|---|---|---|---|---|---|---|---|---|---|---|---|
| 活 | 游 | 瓷 | 足 | 影 | 动 | 拳 | 拳 | 拼 | 四 | 期 | 星 | 期 | 日 | 星 |
| 动 | 足 | 松 | 艺 | 纫 | 工 | 篮 | 能 | 月 | 一 | 十 | 织 | 能 | 陶 | 期 |
| 鱼 | 绘 | 拳 | 周 | 日 | 历 | 纫 | 读 | 九 | 魔 | 潜 | 绘 | 品 | 猎 | 二 |
| 陶 | 瓷 | 画 | 缝 | 缝 | 球 | 工 | 游 | 阅 | 钓 | 术 | 钓 | 阅 | 摄 | 舞 |
| 跳 | 狩 | 鱼 | 瓷 | 松 | 足 | 画 | 能 | 术 | 潜 | 针 | 远 | 戏 | 乐 | 陶 |
| 露 | 利 | 松 | 游 | 拳 | 鱼 | 舞 | 足 | 活 | 舞 | 缝 | 画 | 放 | 影 | 舞 |
| 六 | 动 | 能 | 足 | 影 | 法 | 工 | 放 | 针 | 利 | 露 | 法 | 鱼 | 图 | 缝 |
| 远 | 月 | 二 | 十 | 摄 | 能 | 趣 | 乐 | 跳 | 织 | 八 | 月 | 四 | 针 | 针 |
| 趣 | 十 | 击 | 潜 | 动 | 钓 | 球 | 潜 | 松 | 纫 | 鱼 | 拼 | 击 | 影 | 潜 |
| 图 | 陶 | 拳 | 一 | 戏 | 击 | 狩 | 钓 | 益 | 潜 | 年 | 魔 | 画 | 七 | 拼 |
| 乐 | 拳 | 篮 | 工 | 月 | 星 | 益 | 读 | 摄 | 利 | 阅 | 趣 | 绘 | 月 | 瓷 |
| 魔 | 绘 | 利 | 游 | 五 | 期 | 星 | 阅 | 活 | 动 | 技 | 读 | 摄 | 艺 | 绘 |
| 拼 | 二 | 月 | 棒 | 魔 | 一 | 陶 | 舞 | 舞 | 击 | 织 | 针 | 画 | 游 | 露 |
| 技 | 星 | 期 | 六 | 拼 | 技 | 篮 | 猎 | 舞 | 游 | 露 | 法 | 技 | 缝 | 益 |
| 拳 | 拳 | 阅 | 击 | 织 | 放 | 拳 | 动 | 缝 | 狩 | 织 | 法 | 舞 | 暇 | 跳 |

| | |
|---|---|
| 四月 | 十一月 |
| 八月 | 十月 |
| 日历 | 星期四 |
| 十二月 | 星期六 |
| 星期日 | 星期一 |
| 二月 | 九月 |
| 一月 | 星期五 |
| 七月 | 星期二 |
| 六月 | |

# 69 - Saúde e Bem Estar #2

| | | | | | | | | | | | | | | |
|---|---|---|---|---|---|---|---|---|---|---|---|---|---|---|
| 遗 | 乐 | 击 | 绘 | 乐 | 松 | 钓 | 纫 | 足 | 食 | 欲 | 露 | 利 | 画 | 魔 |
| 传 | 血 | 维 | 生 | 素 | 织 | 园 | 读 | 篮 | 篮 | 术 | 活 | 身 | 健 | 康 |
| 学 | 消 | 化 | 纫 | 魔 | 读 | 利 | 医 | 心 | 情 | 读 | 动 | 鱼 | 体 | 纫 |
| 鱼 | 舞 | 潜 | 球 | 松 | 益 | 球 | 院 | 纫 | 狩 | 疾 | 病 | 魔 | 足 | 针 |
| 戏 | 趣 | 戏 | 猎 | 法 | 陶 | 织 | 球 | 乐 | 棒 | 陶 | 织 | 击 | 营 | 戏 |
| 篮 | 球 | 画 | 纫 | 摄 | 魔 | 过 | 利 | 按 | 摩 | 画 | 工 | 露 | 魔 | 缝 |
| 营 | 画 | 魔 | 狩 | 利 | 画 | 敏 | 益 | 读 | 品 | 钓 | 足 | 术 | 乐 | 画 |
| 足 | 跳 | 足 | 瓷 | 魔 | 篮 | 图 | 工 | 潜 | 棒 | 缝 | 阅 | 松 | 拳 | 术 |
| 陶 | 艺 | 远 | 动 | 园 | 猎 | 足 | 瓷 | 魔 | 图 | 球 | 绘 | 足 | 工 | 阅 |
| 绘 | 阅 | 品 | 动 | 艺 | 钓 | 卫 | 生 | 舞 | 活 | 法 | 摄 | 瓷 | 能 | 源 |
| 篮 | 画 | 影 | 摄 | 阅 | 纫 | 暇 | 能 | 陶 | 营 | 卡 | 动 | 技 | 远 | 品 |
| 恢 | 活 | 营 | 能 | 益 | 影 | 狩 | 足 | 活 | 游 | 路 | 足 | 解 | 陶 | 绘 |
| 读 | 复 | 缝 | 趣 | 术 | 工 | 缝 | 益 | 跳 | 针 | 里 | 松 | 剖 | 重 | 暇 |
| 篮 | 击 | 瓷 | 营 | 魔 | 露 | 乐 | 法 | 术 | 技 | 术 | 艺 | 学 | 艺 | 量 |
| 狩 | 摄 | 球 | 舞 | 松 | 篮 | 园 | 游 | 暇 | 饮 | 食 | 感 | 染 | 品 | 营 |

过敏
解剖学
食欲
卡路里
身体
饮食
消化
疾病
能源
遗传学

卫生
医院
心情
感染
按摩
重量
恢复
健康
维生素

# 70 - Geografia

影狩高露子能世绘球画瓷棒棒绘读
游影度纬午织界图远山术陶动棒猎
术园足利线术摄狩益魔画技摄魔舞
跳阅法纫拼读能趣棒球能暇狩利拳
艺猎画绘钓魔读魔艺露击放南织狩
击球图瓷鱼暇影足国游足艺绘半舞
益益绘狩钓拳暇狩家跳鱼动戏球图
织舞猎松图潜城狩游球活品猎瓷篮
远纫瓷钓利拼市园河领土园陶影拼
放缝地潜活缝趣趣技画动利拳魔趣
品集图地品篮法益狩画瓷动艺绘营
动乐地北影洋猎品瓷击陶拳大陆跳
猎游瓷区足海西法画缝棒球能影画
鱼魔狩松拼钓阅乐松技绘针阅乐活舞
品术戏品利阅击缝拼利营岛能猎画

高度　　　　　　　　子午线
地图集　　　　　　　世界
城市　　　　　　　　海洋
大陆　　　　　　　　国家
半球　　　　　　　　地区
纬度　　　　　　　　领土
地图

# 71 - Antártica

艺 跳 工 击 法 阅 园 缝 阅 影 远 图 球 工 阅
益 游 篮 针 利 园 园 工 能 猎 鱼 球 陶 摄 猎
能 乐 冰 球 远 足 洛 奇 读 读 棒 远 暇 能 狩
地 画 远 影 缝 读 针 益 读 陶 游 营 舞 纫 技
理 营 戏 画 戏 纫 钓 舞 远 放 图 缝 画 松 潜
图 狩 影 击 画 篮 读 缝 鱼 摄 魔 针 拼 瓷 戏
画 画 图 法 魔 拼 针 园 露 半 科 学 的 图 影
温 度 品 鱼 摄 篮 活 品 拼 益 岛 松 阅 趣 瓷
趣 棒 陶 移 游 露 潜 松 足 画 陶 露 跳 工 瓷
露 游 远 鱼 民 保 护 海 湾 岛 地 营 画 游 拳
松 暇 舞 远 摄 湾 远 征 足 屿 形 缝 钓 足 研
画 球 针 环 露 趣 利 冰 猎 利 远 游 远 露 究
陶 跳 大 境 猎 缝 球 川 工 利 陶 法 趣 陶 员
技 图 工 陆 矿 物 影 露 读 利 画 企 鹅 远
读 暇 游 水 图 营 猎 能 篮 技 读 戏 拳 球 拼

环境
科学的
保护
大陆
海湾
远征
冰川
地理
岛屿

研究员
移民
矿物
半岛
企鹅
洛奇
温度
地形

# 72 - Flores

| 猎 | 篮 | 足 | 技 | 拳 | 读 | 钓 | 绘 | 艺 | 技 | 织 | 影 | 足 | 能 | 露 |
|---|---|---|---|---|---|---|---|---|---|---|---|---|---|---|
| 三 | 叶 | 草 | 暇 | 缝 | 钓 | 玉 | 利 | 趣 | 艺 | 影 | 工 | 图 | 放 | 缝 |
| 瓷 | 棒 | 利 | 跳 | 钓 | 击 | 兰 | 棒 | 法 | 利 | 品 | 动 | 潜 | 阅 | 松 |
| 针 | 放 | 针 | 猎 | 趣 | 瓷 | 园 | 工 | 营 | 松 | 绘 | 技 | 纫 | 法 | 乐 |
| 缝 | 缝 | 趣 | 营 | 艺 | 乐 | 远 | 工 | 雏 | 蒲 | 击 | 影 | 暇 | 阅 | 纫 |
| 益 | 棒 | 针 | 百 | 纫 | 牡 | 魔 | 乐 | 菊 | 公 | 跳 | 猎 | 艺 | 放 | 露 |
| 乐 | 织 | 击 | 技 | 合 | 丹 | 趣 | 趣 | 猎 | 英 | 茉 | 品 | 狩 | 球 | 乐 |
| 狩 | 猎 | 球 | 绘 | 工 | 工 | 影 | 暇 | 松 | 艺 | 莉 | 猎 | 暇 | 芙 | 阅 |
| 香 | 品 | 园 | 读 | 远 | 品 | 远 | 钓 | 乐 | 瓣 | 花 | 子 | 栀 | 蓉 | 露 |
| 金 | 摄 | 针 | 拼 | 玫 | 拼 | 暇 | 暇 | 园 | 钓 | 仙 | 兰 | 薰 | 衣 | 草 |
| 郁 | 盏 | 远 | 远 | 瑰 | 球 | 缝 | 魔 | 营 | 球 | 水 | 拳 | 魔 | 营 | 松 |
| 趣 | 击 | 花 | 球 | 钓 | 潜 | 游 | 趣 | 远 | 球 | 营 | 潜 | 露 | 拼 | 潜 |
| 园 | 缝 | 罂 | 粟 | 花 | 向 | 织 | 术 | 织 | 乐 | 工 | 跳 | 法 | 纫 | 露 |
| 画 | 篮 | 趣 | 鱼 | 束 | 日 | 技 | 狩 | 拼 | 鱼 | 织 | 潜 | 陶 | 图 | 舞 |
| 图 | 猎 | 技 | 品 | 猎 | 葵 | 品 | 足 | 戏 | 鱼 | 缝 | 舞 | 游 | 针 | 营 |

花束
金盏花
蒲公英
栀子花
向日葵
芙蓉
茉莉花
薰衣草
百合
玉兰

雏菊
水仙花
兰花
罂粟
牡丹
花瓣
玫瑰
三叶草
郁金香

# 73 - Fazenda #1

| | | | | | | | | | | | | | | |
|---|---|---|---|---|---|---|---|---|---|---|---|---|---|---|
| 织 | 品 | 蜜 | 拼 | 击 | 摄 | 阅 | 影 | 瓷 | 放 | 放 | 法 | 乐 | 钓 | 球 |
| 缝 | 图 | 蜂 | 跳 | 猎 | 乌 | 鸦 | 法 | 利 | 图 | 营 | 足 | 幼 | 术 | 趣 |
| 击 | 鸡 | 暇 | 乐 | 篮 | 织 | 影 | 工 | 放 | 营 | 放 | 乐 | 法 | 动 | 拼 |
| 跳 | 击 | 织 | 钓 | 棒 | 狩 | 钓 | 放 | 狩 | 图 | 露 | 跳 | 陶 | 品 | 猎 |
| 利 | 技 | 蜂 | 蜜 | 肥 | 干 | 术 | 瓷 | 篮 | 放 | 瓷 | 织 | 技 | 游 | 球 |
| 农 | 暇 | 领 | 米 | 料 | 草 | 织 | 技 | 露 | 营 | 趣 | 足 | 能 | 舞 | 读 |
| 摄 | 业 | 域 | 瓷 | 球 | 魔 | 益 | 舞 | 瓷 | 拳 | 术 | 戏 | 魔 | 击 | 驴 |
| 狩 | 拼 | 球 | 放 | 益 | 陶 | 篮 | 营 | 暇 | 趣 | 击 | 潜 | 术 | 放 | 篮 |
| 远 | 影 | 马 | 利 | 技 | 鱼 | 击 | 拼 | 幼 | 牛 | 阅 | 拳 | 影 | 魔 | 法 |
| 活 | 猪 | 法 | 拳 | 击 | 猎 | 法 | 水 | 陶 | 品 | 工 | 园 | 舞 | 游 | 篮 |
| 工 | 钓 | 拳 | 艺 | 球 | 乐 | 拼 | 猫 | 戏 | 松 | 远 | 织 | 织 | 游 | 潜 |
| 阅 | 术 | 舞 | 缝 | 技 | 摄 | 猎 | 营 | 栅 | 击 | 阅 | 羊 | 群 | 潜 | 摄 |
| 足 | 趣 | 放 | 舞 | 园 | 跳 | 画 | 园 | 技 | 栏 | 益 | 山 | 能 | 画 | 露 |
| 击 | 技 | 鱼 | 钓 | 跳 | 织 | 魔 | 瓷 | 法 | 猎 | 戏 | 篮 | 魔 | 狩 | 狗 |
| 图 | 法 | 营 | 游 | 鱼 | 艺 | 小 | 腿 | 园 | 戏 | 活 | 法 | 绘 | 动 | 戏 |

蜜蜂
农业
小腿
山羊
领域
栅栏

乌鸦
干草
肥料
蜂蜜
羊群

# 74 - Livros

页 纫 钓 足 相 绘 文 下 上 法 瓷 击 园 阅 纫
故 趣 缝 能 关 戏 学 益 工 瓷 击 拳 露 绘 游 收 藏
悲 事 读 小 的 活 品 钓 露 读 足 钓 远 图 法 魔 能
剧 钓 拳 说 纫 活 钓 图 松 阅 活 瓷 露 元 术 魔 性 利
诗 歌 球 读 画 乐 影 松 阅 读 瓷 二 术 魔 性 针
远 狩 戏 露 钓 击 织 鱼 读 者 系 列 史 魔 阅 针 足
能 动 游 跳 针 足 陶 舞 阅 摄 松 元 利 远 狩 足 跳
趣 利 工 画 法 法 钓 技 发 明 松 史 诗 篮 读 画
利 摄 图 瓷 阅 营 影 暇 绘 足 利 魔 远 读 乐 拳
拳 缝 猎 针 放 乐 钓 球 趣 趣 陶 诗 篮 游 瓷 暇 鱼
作 活 鱼 松 织 瓷 拳 暇 法 影 棒 利 阅 游 乐 针 摄
者 瓷 露 阅 鱼 品 画 益 针 远 放 阅 游 瓷 暇 法 画
动 动 园 工 棒 戏 术 戏 画 陶 篮 舞 益 针 足
历 史 的 面 书 冒 绘 旁 露 足 影 足 法 暇
狩 艺 松 艺 松 画 篮 活 白 猎 潜 针 绘 暇 画

作者
冒险
收藏
上下文
二元性
书面的
史诗
故事
历史的

发明
读者
文学
旁白
诗歌
相关的
小说
系列
悲剧

# 75 - Governo

纫 **演** 讲 **舞** 讨 **技** 足 足 益 鱼 钓 纪 狩 园 影
暇 图 **品** 放 论 暇 拳 足 读 **舞** 乐 念 摄 钓 术
远 魔 趣 潜 区 戏 露 放 游 戏 读 碑 游 绘 棒
工 放 影 狩 图 魔 能 陶 针 放 击 动 游 艺 织
游 法 图 舞 击 拳 民 动 能 独 缝 鱼 拳 园 绘
远 跳 击 球 舞 影 主 技 摄 立 工 技 营 猎
松 术 放 法 律 图 击 活 球 游 活 放 动 露 画
拳 瓷 球 司 公 技 工 读 跳 戏 松 鱼 缝 露 纫
拼 国 远 术 艺 民 阅 读 工 摄 品 艺 自 由 陶
异 议 家 陶 平 和 身 戏 拳 利 游 远 针 拳 术
乐 趣 读 状 等 图 园 份 图 钓 棒 宪 法 陶 活
象 乐 击 态 正 义 民 乐 政 艺 远 摄 利 术 露
征 戏 球 潜 松 拳 纫 事 治 读 能 松 松 活 益
纫 能 跳 跳 动 摄 跳 技 活 魔 鱼 暇 艺 法 工
织 工 影 技 术 织 利 趣 拳 趣 术 松 术 画 能

公民身份     司法
民事      正义
宪法      法律
民主      自由
演讲      纪念碑
讨论      国家
异议      和平
状态      政治
平等      象征
独立

# 76 - Jardinagem

| 钓 | 图 | 束 | 花 | 的 | 足 | 法 | 利 | 篮 | 益 | 狩 | 读 | 品 | 游 | 猎 |
|---|---|---|---|---|---|---|---|---|---|---|---|---|---|---|
| 土 | 壤 | 松 | 开 | 纫 | 松 | 狩 | 益 | 摄 | 艺 | 篮 | 绘 | 物 | 陶 | 猎 |
| 暇 | 魔 | 缝 | 图 | 魔 | 松 | 能 | 露 | 戏 | 棒 | 猎 | 织 | 子 | 种 | 放 |
| 营 | 鱼 | 营 | 暇 | 击 | 术 | 棒 | 影 | 球 | 影 | 球 | 摄 | 足 | 术 | 放 |
| 钓 | 鱼 | 影 | 图 | 工 | 术 | 动 | 影 | 果 | 钓 | 污 | 垢 | 植 | 物 | 篮 |
| 摄 | 棒 | 瓷 | 潜 | 魔 | 狩 | 足 | 动 | 园 | 品 | 园 | 分 | 魔 | 物 | 趣 |
| 击 | 图 | 跳 | 松 | 叶 | 摄 | 堆 | 肥 | 棒 | 棒 | 瓷 | 水 | 容 | 器 | 品 |
| 球 | 陶 | 技 | 露 | 游 | 阅 | 远 | 针 | 舞 | 钓 | 织 | 游 | 露 | 戏 | 活 |
| 暇 | 球 | 瓷 | 法 | 钓 | 远 | 画 | 画 | 读 | 摄 | 趣 | 活 | 拳 | 法 | 游 |
| 工 | 树 | 季 | 节 | 性 | 阅 | 瓷 | 放 | 图 | 缝 | 戏 | 拳 | 钓 | 拼 | 动 |
| 画 | 叶 | 异 | 国 | 情 | 调 | 陶 | 拳 | 露 | 猎 | 篮 | 猎 | 跳 | 食 | 用 |
| 游 | 拼 | 缝 | 软 | 狩 | 棒 | 能 | 远 | 法 | 针 | 影 | 图 | 猎 | 球 | 球 |
| 气 | 候 | 篮 | 管 | 瓷 | 放 | 艺 | 戏 | 影 | 舞 | 舞 | 击 | 术 | 术 | 跳 |
| 放 | 暇 | 乐 | 拼 | 舞 | 读 | 乐 | 放 | 影 | 远 | 足 | 钓 | 球 | 足 | 足 |
| 游 | 跳 | 暇 | 影 | 潜 | 趣 | 拼 | 艺 | 能 | 园 | 钓 | 乐 | 缝 | 击 | 营 |

植物
花束
气候
食用
堆肥
物种
异国情调
开花
花的

树叶
软管
果园
容器
季节性
种子
土壤
污垢
水分

# 77 - Profissões #2

| | | | | | | | | | | | | | | |
|---|---|---|---|---|---|---|---|---|---|---|---|---|---|---|
| 缝 | 艺 | 游 | 影 | 工 | 潜 | 术 | 远 | 图 | 工 | 击 | 营 | 园 | 园 | 工 |
| 放 | 活 | 生 | 物 | 学 | 家 | 球 | 猎 | 画 | 书 | 乐 | 读 | 丁 | 记 | 者 |
| 暇 | 松 | 鱼 | 技 | 瓷 | 放 | 魔 | 园 | 陶 | 织 | 管 | 针 | 跳 | 针 | 明 |
| 拼 | 放 | 拼 | 能 | 陶 | 鱼 | 舞 | 医 | 牙 | 舞 | 鱼 | 理 | 读 | 戏 | 发 |
| 织 | 工 | 摄 | 乐 | 园 | 球 | 松 | 能 | 生 | 医 | 科 | 外 | 员 | 行 | 飞 |
| 陶 | 球 | 画 | 动 | 棒 | 针 | 暇 | 猎 | 织 | 绘 | 钓 | 趣 | 航 | 法 | 术 |
| 术 | 针 | 潜 | 远 | 画 | 家 | 学 | 哲 | 工 | 营 | 园 | 远 | 宇 | 益 | 魔 |
| 鱼 | 动 | 击 | 足 | 潜 | 画 | 学 | 艺 | 程 | 棒 | 活 | 跳 | 图 | 摄 | 瓷 |
| 绘 | 瓷 | 读 | 松 | 猎 | 插 | 摄 | 言 | 师 | 摄 | 影 | 师 | 术 | 放 | 拼 |
| 动 | 陶 | 放 | 摄 | 游 | 工 | 趣 | 击 | 语 | 技 | 动 | 老 | 织 | 法 | 拼 |
| 猎 | 远 | 活 | 球 | 陶 | 魔 | 鱼 | 摄 | 法 | 动 | 物 | 拳 | 篮 | 松 | 远 |
| 足 | 研 | 究 | 员 | 游 | 绘 | 拼 | 读 | 针 | 图 | 学 | 能 | 舞 | 篮 | 舞 |
| 松 | 阅 | 活 | 钓 | 农 | 露 | 狩 | 钓 | 营 | 益 | 家 | 艺 | 松 | 阅 | 术 |
| 园 | 营 | 乐 | 艺 | 民 | 工 | 潜 | 艺 | 技 | 纫 | 拳 | 缝 | 猎 | 利 | 艺 |
| 放 | 营 | 潜 | 法 | 瓷 | 营 | 图 | 园 | 纫 | 钓 | 足 | 暇 | 拼 | 阅 | 能 |

| | |
|---|---|
| 农民 | 发明者 |
| 宇航员 | 研究员 |
| 图书管理员 | 园丁 |
| 生物学家 | 记者 |
| 外科医生 | 语言学家 |
| 牙医 | 医生 |
| 工程师 | 飞行员 |
| 哲学家 | 画家 |
| 摄影师 | 老师 |
| 插画家 | 动物学家 |

# 78 - Negócios

| 织 | 图 | 钓 | 拳 | 办 | 公 | 室 | 瓷 | 术 | 戏 | 利 | 钓 | 篮 | 猎 | 放 |
|---|---|---|---|---|---|---|---|---|---|---|---|---|---|---|
| 乐 | 潜 | 棒 | 拼 | 钱 | 预 | 算 | 读 | 瓷 | 动 | 远 | 技 | 松 | 术 | 摄 |
| 益 | 拼 | 钓 | 画 | 品 | 利 | 趣 | 艺 | 游 | 趣 | 品 | 露 | 阅 | 摄 | 能 |
| 法 | 技 | 暇 | 纫 | 陶 | 商 | 篮 | 趣 | 画 | 球 | 松 | 画 | 品 | 工 | 影 |
| 乐 | 魔 | 图 | 技 | 趣 | 店 | 针 | 税 | 趣 | 读 | 钓 | 纫 | 趣 | 戏 | 钓 |
| 暇 | 潜 | 纫 | 技 | 拳 | 工 | 游 | 魔 | 远 | 拳 | 缝 | 趣 | 松 | 瓷 | 瓷 |
| 货 | 币 | 园 | 缝 | 雇 | 摄 | 钓 | 魔 | 绘 | 趣 | 工 | 暇 | 钓 | 营 | 陶 |
| 猎 | 棒 | 瓷 | 鱼 | 主 | 活 | 纫 | 阅 | 品 | 画 | 瓷 | 篮 | 工 | 厂 | 影 |
| 露 | 术 | 陶 | 工 | 折 | 跳 | 读 | 露 | 潜 | 读 | 足 | 足 | 篮 | 趣 | 画 |
| 松 | 拼 | 技 | 术 | 扣 | 收 | 远 | 影 | 棒 | 露 | 职 | 商 | 品 | 经 | 术 |
| 乐 | 猎 | 陶 | 拳 | 潜 | 拳 | 入 | 影 | 法 | 成 | 本 | 业 | 跳 | 济 | 品 |
| 潜 | 跳 | 趣 | 针 | 魔 | 拳 | 放 | 跳 | 营 | 足 | 露 | 绘 | 生 | 学 | 织 |
| 影 | 益 | 动 | 动 | 远 | 图 | 缝 | 远 | 投 | 阅 | 潜 | 活 | 金 | 涯 | 瓷 |
| 读 | 陶 | 员 | 松 | 营 | 露 | 工 | 纫 | 资 | 艺 | 营 | 趣 | 融 | 猎 | 纫 |
| 利 | 润 | 工 | 公 | 司 | 舞 | 园 | 篮 | 画 | 销 | 售 | 益 | 技 | 阅 | |

职业生涯　　　　　金融
成本　　　　　　　投资
折扣　　　　　　　商店
经济学　　　　　　利润
员工　　　　　　　商品
雇主　　　　　　　货币
公司　　　　　　　预算
办公室　　　　　　收入
工厂　　　　　　　销售

# 79 - Fazenda #2

| 暇 | 利 | 放 | 织 | 纫 | 潜 | 猎 | 游 | 游 | 舞 | 足 | 瓷 | 绘 | 摄 | 球 |
| 术 | 球 | 远 | 图 | 农 | 拳 | 放 | 灌 | 鸭 | 工 | 园 | 牛 | 奶 | 法 | 松 |
| 戏 | 读 | 品 | 针 | 民 | 草 | 读 | 击 | 溉 | 图 | 图 | 潜 | 鹅 | 谷 | 仓 |
| 松 | 艺 | 法 | 术 | 能 | 甸 | 纫 | 猎 | 读 | 露 | 球 | 图 | 益 | 益 | 动 |
| 足 | 松 | 钓 | 魔 | 篮 | 拳 | 纫 | 足 | 瓷 | 舞 | 图 | 法 | 小 | 麦 | 游 |
| 钓 | 技 | 绘 | 钓 | 拼 | 益 | 画 | 技 | 放 | 远 | 露 | 暇 | 术 | 大 | 绘 |
| 活 | 陶 | 猎 | 拖 | 拉 | 机 | 动 | 能 | 足 | 水 | 能 | 图 | 技 | 拼 | 暇 |
| 人 | 羊 | 牧 | 织 | 放 | 读 | 物 | 品 | 利 | 果 | 露 | 园 | 品 | 园 | 绘 |
| 品 | 球 | 肉 | 玉 | 魔 | 图 | 美 | 活 | 活 | 术 | 舞 | 摄 | 益 | 跳 | 动 |
| 露 | 利 | 缝 | 米 | 游 | 读 | 洲 | 狩 | 足 | 图 | 画 | 猎 | 艺 | 露 | 放 |
| 球 | 图 | 猎 | 利 | 阅 | 动 | 驼 | 术 | 品 | 远 | 狩 | 瓷 | 画 | 图 | 技 |
| 足 | 击 | 织 | 钓 | 鱼 | 戏 | 针 | 阅 | 园 | 猎 | 艺 | 园 | 篮 | 技 | 乐 |
| 击 | 松 | 放 | 织 | 拳 | 陶 | 果 | 园 | 暇 | 纫 | 棒 | 猎 | 远 | 能 | 读 |
| 动 | 图 | 图 | 动 | 绘 | 潜 | 园 | 阅 | 陶 | 蔬 | 菜 | 品 | 球 | 放 | 戏 |
| 舞 | 猎 | 活 | 鱼 | 猎 | 陶 | 动 | 法 | 足 | 影 | 狩 | 瓷 | 放 | 读 | 露 |

农民               美洲驼
动物               玉米
谷仓               牧羊人
大麦               果园
羊肉               草甸
水果               拖拉机
灌溉               小麦
牛奶               蔬菜

# 80 - Jardim

池鱼阅放露阅足魔放纫鱼术瓷土动
塘潜织利击缝松门钓缝树吊床壤营
针拳足画戏利针廊阅舞篮针蹦益乐
画趣活工放纫营露戏足棒利缝活钓
缝摄阅技利栅品鱼纫图艺营草坪瓷
园陶露拳拼栏摄足棒松拳趣活利读
动品影织品魔利钓篮影舞影活针园
能园潜图阅松拳钓花猎舞纫益瓷针
技篮图益图艺陶草跳园果钓潜画图
陶品针读露耙摄棒摄篮趣拼远图拳
陶篮舞鱼足营园松瓷拼魔品远园钓
趣陶活工动拼缝松拼车艺钓法法魔
铲跳游狩读读营艺潜库灌木软管击
乐暇猎园露缝舞术游平杂草摄足戏
绘趣舞拼戏戏艺法陶台工绘松鱼篮

灌木　　　　　　　吊床
栅栏　　　　　　　软管
杂草　　　　　　　果园
车库　　　　　　　土壤
草坪　　　　　　　平台
花园　　　　　　　蹦床
池塘　　　　　　　门廊

# 81 - Oceano

| | | | | | | | | | | | | | | |
|---|---|---|---|---|---|---|---|---|---|---|---|---|---|---|
| 松 | 礁 | 摄 | 露 | 能 | 暇 | 远 | 暇 | 绘 | 放 | 露 | 能 | 篮 | 螃 | 牡 |
| 球 | 画 | 暇 | 拳 | 趣 | 篮 | 缝 | 乌 | 龟 | 跳 | 画 | 潜 | 趣 | 蟹 | 蛎 |
| 球 | 跳 | 球 | 狩 | 画 | 潜 | 跳 | 趣 | 潮 | 乐 | 术 | 瓷 | 品 | 鳗 | 跳 |
| 松 | 织 | 陶 | 拳 | 技 | 足 | 艺 | 鱼 | 汐 | 狩 | 远 | 船 | 拼 | 舞 | 鱼 |
| 放 | 摄 | 魔 | 鱼 | 跳 | 远 | 狩 | 虾 | 风 | 鲸 | 松 | 拳 | 艺 | 趣 | 章 |
| 摄 | 拳 | 球 | 画 | 画 | 猎 | 钓 | 营 | 暴 | 缝 | 利 | 园 | 品 | 跳 | 能 |
| 藻 | 类 | 能 | 狩 | 钓 | 能 | 利 | 法 | 术 | 鱼 | 品 | 技 | 猎 | 金 | 图 |
| 利 | 益 | 法 | 放 | 猎 | 鱼 | 影 | 纫 | 魔 | 活 | 球 | 缝 | 画 | 枪 | 能 |
| 艺 | 鱼 | 术 | 缝 | 益 | 利 | 园 | 盐 | 珊 | 利 | 足 | 击 | 工 | 鱼 | 球 |
| 豚 | 海 | 法 | 乐 | 缝 | 足 | 缝 | 陶 | 瑚 | 品 | 棒 | 潜 | 缝 | 鲨 | 法 |
| 露 | 活 | 绵 | 营 | 画 | 猎 | 远 | 能 | 针 | 针 | 游 | 画 | 猎 | 影 | 猎 |
| 狩 | 猎 | 击 | 狩 | 潜 | 陶 | 画 | 乐 | 织 | 阅 | 潜 | 动 | 品 | 舞 | 技 |
| 影 | 海 | 图 | 能 | 足 | 读 | 纫 | 缝 | 狩 | 能 | 球 | 陶 | 魔 | 魔 | 图 |
| 趣 | 蜇 | 击 | 钓 | 跳 | 击 | 利 | 图 | 舞 | 魔 | 活 | 阅 | 拳 | 益 | 法 |
| 足 | 摄 | 狩 | 品 | 乐 | 影 | 能 | 摄 | 阅 | 动 | 术 | 画 | 摄 | 动 | 工 |

藻类
金枪鱼
螃蟹
珊瑚
鳗鱼
海绵
海豚

潮汐
海蜇
牡蛎
章鱼
乌龟
风暴
鲨鱼

| 鱼 | 艺 | 魔 | 鱼 | 戏 | 动 | 拳 | 猎 | 地 | 质 | 学 | 家 | 动 | 钓 | 品 |
|---|---|---|---|---|---|---|---|---|---|---|---|---|---|---|
| 珠 | 宝 | 商 | 钓 | 乐 | 艺 | 能 | 人 | 护 | 远 | 织 | 学 | 蹈 | 潜 | 法 |
| 猎 | 工 | 图 | 法 | 活 | 术 | 缝 | 潜 | 士 | 戏 | 陶 | 科 | 舞 | 舞 | 纫 |
| 纫 | 松 | 品 | 棒 | 舞 | 术 | 缝 | 园 | 阅 | 编 | 图 | 音 | 击 | 纫 | 缝 |
| 球 | 法 | 工 | 摄 | 戏 | 远 | 松 | 游 | 拳 | 艺 | 辑 | 乐 | 制 | 图 | 师 |
| 法 | 图 | 阅 | 工 | 趣 | 织 | 园 | 读 | 术 | 纫 | 益 | 家 | 足 | 针 | 针 |
| 工 | 鱼 | 趣 | 织 | 天 | 文 | 学 | 家 | 拼 | 图 | 纫 | 阅 | 品 | 棒 | 放 |
| 管 | 瓷 | 远 | 拼 | 利 | 活 | 放 | 针 | 法 | 能 | 乐 | 趣 | 舞 | 魔 | 读 |
| 水 | 艺 | 技 | 利 | 银 | 拳 | 大 | 使 | 瓷 | 潜 | 足 | 画 | 营 | 拼 | 消 |
| 远 | 手 | 律 | 趣 | 行 | 术 | 陶 | 摄 | 兽 | 医 | 艺 | 益 | 狩 | 缝 | 防 |
| 击 | 动 | 师 | 园 | 家 | 缝 | 心 | 理 | 学 | 家 | 艺 | 术 | 家 | 棒 | 队 |
| 阅 | 工 | 足 | 棒 | 暇 | 技 | 纫 | 动 | 工 | 放 | 法 | 能 | 猎 | 松 | 员 |
| 露 | 棒 | 猎 | 绘 | 游 | 活 | 营 | 狩 | 棒 | 狩 | 拳 | 阅 | 舞 | 钢 | 游 |
| 益 | 绘 | 图 | 能 | 露 | 魔 | 钓 | 潜 | 乐 | 织 | 营 | 鱼 | 能 | 琴 | 园 |
| 魔 | 瓷 | 绘 | 读 | 放 | 拼 | 园 | 球 | 画 | 暇 | 露 | 缝 | 技 | 家 | 足 |

| | |
|---|---|
| 律师 | 大使 |
| 艺术家 | 水管工 |
| 天文学家 | 护士 |
| 银行家 | 地质学家 |
| 消防队员 | 珠宝商 |
| 猎人 | 水手 |
| 制图师 | 音乐家 |
| 科学家 | 钢琴家 |
| 舞蹈家 | 心理学家 |
| 编辑 | 兽医 |

# 83 - Força e Gravidade

游足球缝狩读影戏远跳拳篮运瓷纫
行能画棒工品术法狩暇瓷缝动艺猎
影星潜钓利游影趣绘品戏游影活篮
瓷松绘乐露鱼猎松术猎技趣球潜球
能缝潜钓足活戏瓷松图园针游磁图
戏速影魔品篮利摄拳暇放棒活技性
工度技摄影图拼趣压中园魔戏狩趣
篮技拼松拳放摩擦力央纫轨道距瓷
陶摄缝园暇击摄园球园鱼轴足离重
足跳品游时动态品陶影松乐扩张量
狩缝远物间艺法活摄球跳潜营棒
发放法露理戏工阅陶远跳普遍的
现力学露动园放趣摄利跳艺动阅
纫织艺击击潜猎读松术游益趣钓
棒击棒图园拳摄戏影瓷舞游篮法

| | |
|---|---|
| 摩擦 | 力学 |
| 中央 | 运动 |
| 发现 | 轨道 |
| 动态 | 重量 |
| 距离 | 行星 |
| 扩张 | 压力 |
| 物理 | 速度 |
| 影响 | 时间 |
| 磁性 | 普遍的 |

# 84 - Abelhas

陶魔松技游多露品舞远营足园法动
工法读击露样太阳摄动益动瓷瓷篮工
开摄蜡群园性阅摄瓷品品工蜜蜂巢松
棒花工跳织品鱼放营品潜营魔巢术游
阅露阅远舞露营猎趣球工织有有
花暇读拳跳工游钓利法暇棒缝益
拼拳针工昆虫翅植术影远境生摄的
趣棒缝拳女王膀瓷物击阅魔态织戏
远图猎游远阅缝篮工潜暇水系趣品
技远游暇瓷拳法动法工游果统技能
花品钓动利画读拳鱼品跳利猎乐读
粉远篮暇远陶活花阅拳乐能织摄画
拳鱼纫画瓷益暇园绘绘球阅益松阅
篮趣工术瓷暇舞跳瓷动纫跳纫工钓
影跳拳击品潜潜足烟乐戏拳工跳松

| | |
|---|---|
| 翅膀 | 昆虫 |
| 有益的 | 花园 |
| 蜂巢 | 蜂蜜 |
| 多样性 | 植物 |
| 生态系统 | 花粉 |
| 开花 | 女王 |
| 水果 | 太阳 |
| 生境 | |

# 85 - Ciência

| | | | | | | | | | | | | | |
|---|---|---|---|---|---|---|---|---|---|---|---|---|---|
| 远 | 画 | 针 | 趣 | 画 | 松 | 物 | 技 | 舞 | 画 | 远 | 影 | 瓷 | 观 |
| 松 | 术 | 术 | 瓷 | 趣 | 理 | 事 | 活 | 技 | 跳 | 远 | 足 | 察 |
| 图 | 进 | 科 | 摄 | 游 | 图 | 动 | 游 | 实 | 足 | 图 | 园 | 瓷 | 工 | 狩 |
| 石 | 化 | 学 | 图 | 利 | 魔 | 画 | 工 | 营 | 魔 | 织 | 跳 | 戏 | 艺 | 狩 |
| 拳 | 击 | 家 | 游 | 游 | 重 | 力 | 拼 | 艺 | 针 | 工 | 戏 | 棒 | 跳 |
| 画 | 工 | 品 | 戏 | 潜 | 篮 | 缝 | 趣 | 假 | 营 | 读 | 利 | 营 | 艺 | 针 |
| 图 | 原 | 子 | 工 | 摄 | 术 | 数 | 据 | 品 | 设 | 猎 | 针 | 棒 | 放 | 营 |
| 工 | 营 | 粒 | 活 | 暇 | 拳 | 足 | 方 | 活 | 猎 | 法 | 园 | 潜 | 潜 | 棒 |
| 舞 | 织 | 游 | 魔 | 暇 | 园 | 舞 | 法 | 绘 | 营 | 工 | 钓 | 瓷 | 活 | 术 |
| 鱼 | 工 | 魔 | 放 | 拼 | 猎 | 瓷 | 品 | 球 | 球 | 戏 | 分 | 阅 | 阅 | 阅 |
| 化 | 学 | 的 | 活 | 绘 | 技 | 针 | 图 | 鱼 | 狩 | 猎 | 子 | 球 | 棒 | 拳 |
| 实 | 验 | 室 | 摄 | 法 | 魔 | 气 | 露 | 矿 | 植 | 物 | 生 | 物 | 拳 | 松 |
| 猎 | 篮 | 织 | 放 | 游 | 动 | 画 | 候 | 物 | 园 | 影 | 松 | 露 | 松 | 足 |
| 舞 | 缝 | 摄 | 魔 | 法 | 法 | 戏 | 大 | 自 | 然 | 松 | 益 | 松 | 暇 | 术 |
| 钓 | 影 | 缝 | 陶 | 能 | 影 | 瓷 | 击 | 艺 | 球 | 松 | 钓 | 拳 | 放 | 法 |

| | |
|---|---|
| 原子 | 实验室 |
| 科学家 | 方法 |
| 气候 | 矿物 |
| 数据 | 分子 |
| 进化 | 大自然 |
| 事实 | 观察 |
| 物理 | 生物 |
| 化石 | 粒子 |
| 重力 | 植物 |
| 假设 | 化学的 |

# 86 - Comida #1

| 动 | 阅 | 猎 | 影 | 针 | 拳 | 球 | 舞 | 摄 | 狩 | 暇 | 营 | 大 | 读 | 缝 |
|---|---|---|---|---|---|---|---|---|---|---|---|---|---|---|
| 肉 | 桂 | 瓷 | 影 | 法 | 拳 | 利 | 狩 | 缝 | 糖 | 技 | 技 | 蒜 | 露 | 益 |
| 陶 | 魔 | 园 | 术 | 织 | 陶 | 击 | 放 | 击 | 能 | 摄 | 织 | 草 | 园 | 棒 |
| 趣 | 拳 | 拳 | 拼 | 益 | 鱼 | 术 | 露 | 金 | 工 | 读 | 拼 | 莓 | 牛 | 法 |
| 猎 | 活 | 瓷 | 术 | 舞 | 术 | 杏 | 足 | 跳 | 狩 | 针 | 摄 | 奶 | 松 | 足 |
| 瓷 | 罗 | 戏 | 法 | 盐 | 园 | 放 | 篮 | 工 | 鱼 | 舞 | 营 | 阅 | 拳 | 益 |
| 能 | 勒 | 艺 | 利 | 纫 | 画 | 动 | 狩 | 摄 | 菠 | 舞 | 拳 | 阅 | 足 | 趣 |
| 瓷 | 趣 | 汤 | 花 | 生 | 阅 | 果 | 汁 | 工 | 工 | 菜 | 魔 | 跳 | 足 | 摄 |
| 画 | 工 | 读 | 绘 | 戏 | 跳 | 舞 | 法 | 园 | 园 | 鱼 | 拼 | 活 | 露 | 针 |
| 绘 | 乐 | 远 | 营 | 活 | 艺 | 蛋 | 品 | 摄 | 胡 | 摄 | 趣 | 趣 | 戏 | 纫 |
| 潜 | 陶 | 绘 | 画 | 营 | 游 | 糕 | 洋 | 葱 | 萝 | 摄 | 戏 | 陶 | 活 | 读 |
| 跳 | 狩 | 拼 | 乐 | 猎 | 阅 | 击 | 陶 | 影 | 卜 | 鱼 | 摄 | 暇 | 品 | 工 |
| 足 | 益 | 利 | 绘 | 艺 | 棒 | 沙 | 芜 | 菁 | 趣 | 球 | 猎 | 法 | 舞 | 松 |
| 图 | 影 | 放 | 织 | 品 | 织 | 拉 | 乐 | 影 | 棒 | 乐 | 暇 | 法 | 大 | 麦 |
| 柠 | 檬 | 舞 | 术 | 图 | 绘 | 拼 | 画 | 利 | 影 | 狩 | 益 | 读 | 技 | 品 |

大蒜　　　　　　　菠菜
花生　　　　　　　牛奶
金枪鱼　　　　　　柠檬
蛋糕　　　　　　　罗勒
肉桂　　　　　　　草莓
洋葱　　　　　　　芜菁
胡萝卜　　　　　　沙拉
大麦　　　　　　　果汁

# 87 - Geometria

| 影 | 织 | 摄 | 鱼 | 猎 | 法 | 拼 | 足 | 品 | 理 | 画 | 露 | 益 | 缝 | 摄 |
|---|---|---|---|---|---|---|---|---|---|---|---|---|---|---|
| 动 | 法 | 织 | 阅 | 跳 | 足 | 露 | 动 | 术 | 论 | 狩 | 画 | 暇 | 魔 | 潜 |
| 魔 | 阅 | 工 | 营 | 对 | 营 | 陶 | 术 | 拳 | 营 | 戏 | 营 | 图 | 拼 | 跳 |
| 游 | 鱼 | 狩 | 瓷 | 影 | 称 | 阅 | 拼 | 中 | 画 | 狩 | 篮 | 艺 | 猎 | 营 |
| 画 | 影 | 舞 | 图 | 棒 | 活 | 图 | 能 | 织 | 位 | 益 | 潜 | 狩 | 阅 | 读 |
| 陶 | 针 | 圈 | 品 | 趣 | 暇 | 图 | 能 | 放 | 影 | 数 | 活 | 织 | 棒 | 缝 |
| 尺 | 远 | 篮 | 远 | 跳 | 篮 | 拼 | 动 | 水 | 方 | 园 | 足 | 术 | 影 | 品 |
| 寸 | 图 | 击 | 表 | 面 | 足 | 平 | 纫 | 平 | 程 | 逻 | 纫 | 猎 | 读 | 棒 |
| 潜 | 摄 | 工 | 跳 | 戏 | 段 | 行 | 趣 | 阅 | 舞 | 辑 | 纫 | 潜 | 曲 | 线 |
| 跳 | 钓 | 潜 | 舞 | 足 | 球 | 工 | 钓 | 露 | 阅 | 图 | 益 | 读 | 角 | 度 |
| 摄 | 画 | 织 | 纫 | 阅 | 暇 | 拳 | 缝 | 乐 | 读 | 活 | 纫 | 放 | 纫 | 高 |
| 艺 | 球 | 游 | 击 | 纫 | 暇 | 狩 | 拼 | 比 | 例 | 狩 | 品 | 织 | 直 | 径 |
| 乐 | 质 | 量 | 针 | 拼 | 摄 | 远 | 动 | 舞 | 计 | 画 | 能 | 法 | 垂 | 乐 |
| 纫 | 能 | 潜 | 阅 | 能 | 跳 | 画 | 暇 | 潜 | 利 | 算 | 影 | 陶 | 潜 | 园 |
| 三 | 角 | 形 | 缝 | 读 | 术 | 篮 | 狩 | 球 | 跳 | 园 | 远 | 陶 | 露 | 戏 |

| | |
|---|---|
| 高度 | 质量 |
| 角度 | 中位数 |
| 计算 | 平行 |
| 曲线 | 比例 |
| 直径 | 对称 |
| 尺寸 | 表面 |
| 方程 | 理论 |
| 水平 | 三角形 |
| 逻辑 | 垂直 |

# 88 - Pássaros

鱼 乐 蛋 能 阅 品 影 戏 缝 影 读 针 陶 天 足
趣 绘 狩 拼 画 术 魔 杜 鹃 营 图 缝 陶 鹅 术
巨 舞 画 能 针 影 阅 鱼 暇 游 针 钓 足 营 露
嘴 远 潜 活 戏 营 露 潜 钓 影 舞 孔 雀 瓷 戏
鸟 针 跳 拼 品 绘 技 放 技 击 动 益 远 潜 活
跳 影 营 跳 园 活 摄 魔 法 法 营 利 读 动 术
击 拳 趣 鹈 鹕 鹦 鹉 足 远 鹰 鱼 露 纫 瓷 棒
利 摄 鸡 钓 营 园 绘 拼 园 术 猎 击 品 益 球
陶 图 篮 拼 艺 陶 艺 瓷 苍 鹭 阅 露 活 陶 缝
潜 趣 松 工 缝 鸽 击 戏 鹳 益 猎 足 针 钓 潜
猎 陶 拼 品 织 缝 子 法 鸥 放 鱼 乐 园 猎 趣
活 放 戏 术 游 露 鸟 舞 放 图 趣 戏 读 摄 跳
工 潜 拼 火 烈 鸟 远 鸦 暇 益 鹅 读 阅 露 针
绘 暇 舞 绘 露 鸵 企 读 活 针 放 艺 拳 绘 影
麻 雀 绘 陶 猎 活 钓 鹅 图 针 狩 针 棒 鸭 摄

鸵鸟  
天鹅  
乌鸦  
杜鹃  
火烈鸟  
苍鹭  
鹦鹉  

麻雀  
孔雀  
鹈鹕  
企鹅  
鸽子  
巨嘴鸟

# 89 - Literatura

能 乐 松 猎 棒 分 拼 活 远 工 类 活 比 动 工
放 魔 读 足 猎 析 节 奏 露 风 格 比 较 对 狩
趣 钓 潜 拼 趣 游 摄 乐 缝 拼 露 游 术 陶 话
结 拳 潜 针 艺 纫 意 织 工 陶 图 画 法 作 者
论 足 击 乐 棒 活 诗 见 动 利 摄 远 鱼 术
击 工 瓷 戏 露 舞 趣 营 放 艺 旁 白 描 露 纫
法 游 舞 画 画 钓 画 绘 轶 利 园 述 园 击
读 缝 趣 主 题 鱼 能 游 事 松 图 工 暇 活 阅
跳 陶 术 动 魔 松 跳 篮 纫 读 技 钓 技 狩
松 图 针 纫 技 纫 远 园 益 活 纫 棒 术 戏 瓷
猎 缝 跳 小 术 猎 工 图 魔 球 猎 瓷 狩 韵 艺
足 营 纫 说 动 动 球 潜 传 记 活 拼 图 跳 棒
能 松 针 动 图 棒 远 趣 图 潜 拳 隐 趣 狩 针
钓 营 跳 绘 益 读 益 跳 击 狩 舞 喻 缝 术 拳
悲 剧 戏 瓷 阅 陶 潜 击 法 足 鱼 诗 暇 舞 暇

类比　　　　　　　　　风格
分析　　　　　　　　　小说
轶事　　　　　　　　　隐喻
作者　　　　　　　　　旁白
传记　　　　　　　　　意见
比较　　　　　　　　　诗
结论　　　　　　　　　节奏
描述　　　　　　　　　主题
对话　　　　　　　　　悲剧

# 90 - Química

| | | | | | | | | | | | | | |
|---|---|---|---|---|---|---|---|---|---|---|---|---|---|
| 工 | 露 | 足 | 游 | 催 | 织 | 氧 | 足 | 读 | 棒 | 绘 | 放 | 园 | 拳 | 击 |
| 摄 | 益 | 足 | 猎 | 跳 | 化 | 酶 | 拼 | 暇 | 画 | 篮 | 鱼 | 艺 | 狩 | 露 |
| 分 | 工 | 足 | 游 | 暇 | 潜 | 剂 | 碱 | 离 | 子 | 品 | 术 | 潜 | 活 | 影 |
| 瓷 | 子 | 球 | 品 | 缝 | 暇 | 放 | 性 | 有 | 纫 | 碳 | 缝 | 织 | 品 | 能 |
| 益 | 营 | 营 | 动 | 篮 | 利 | 工 | 影 | 机 | 舞 | 缝 | 跳 | 球 | 盐 | 益 |
| 钓 | 猎 | 核 | 乐 | 营 | 放 | 工 | 营 | 击 | 摄 | 技 | 鱼 | 织 | 活 | 术 |
| 潜 | 纫 | 工 | 织 | 图 | 舞 | 工 | 重 | 量 | 阅 | 游 | 跳 | 针 | 营 | 松 |
| 放 | 猎 | 缝 | 纫 | 球 | 活 | 舞 | 放 | 画 | 工 | 读 | 动 | 远 | 陶 | 棒 |
| 技 | 鱼 | 纫 | 画 | 球 | 法 | 工 | 元 | 素 | 纫 | 陶 | 酸 | 氢 | 园 | 魔 |
| 阅 | 温 | 钓 | 氯 | 法 | 瓷 | 益 | 乐 | 图 | 狩 | 园 | 摄 | 缝 | 动 | 足 |
| 织 | 度 | 游 | 园 | 棒 | 拼 | 猎 | 针 | 狩 | 瓷 | 园 | 术 | 活 | 狩 | 棒 |
| 艺 | 钓 | 乐 | 摄 | 阅 | 暇 | 利 | 园 | 法 | 露 | 潜 | 阅 | 瓷 | 远 | 拳 |
| 松 | 戏 | 动 | 钓 | 织 | 陶 | 乐 | 气 | 体 | 钓 | 钓 | 工 | 阅 | 术 | 热 |
| 艺 | 摄 | 球 | 趣 | 陶 | 露 | 读 | 法 | 液 | 艺 | 图 | 活 | 陶 | 电 | 法 |
| 拳 | 艺 | 放 | 游 | 球 | 击 | 游 | 瓷 | 利 | 足 | 动 | 技 | 缝 | 子 | 球 |

| | |
|---|---|
| 碱性 | 液体 |
| 催化剂 | 分子 |
| 元素 | 有机 |
| 电子 | 重量 |
| 气体 | 温度 |
| 离子 | |

# 91 - Clima

| 陶 | 动 | 舞 | 游 | 鱼 | 狩 | 冰 | 能 | 跳 | 品 | 露 | 活 | 松 | 猎 | 干 |
|---|---|---|---|---|---|---|---|---|---|---|---|---|---|---|
| 干 | 旱 | 益 | 跳 | 棒 | 舞 | 拼 | 纫 | 影 | 跳 | 远 | 利 | 针 | 潜 | 燥 |
| 足 | 园 | 球 | 潜 | 影 | 缝 | 阅 | 营 | 雾 | 松 | 篮 | 狩 | 纫 | 读 | 钓 |
| 法 | 暇 | 技 | 远 | 工 | 摄 | 热 | 棒 | 舞 | 影 | 动 | 活 | 摄 | 工 | 营 |
| 拳 | 品 | 放 | 影 | 松 | 游 | 球 | 带 | 露 | 拳 | 跳 | 画 | 鱼 | 戏 | 阅 |
| 影 | 魔 | 纫 | 陶 | 织 | 益 | 戏 | 瓷 | 足 | 闪 | 电 | 活 | 戏 | 季 | 能 |
| 瓷 | 艺 | 图 | 术 | 潜 | 活 | 拼 | 趣 | 工 | 影 | 跳 | 放 | 露 | 风 | 织 |
| 远 | 大 | 织 | 绘 | 乐 | 放 | 术 | 园 | 跳 | 摄 | 瓷 | 舞 | 篮 | 工 | 图 |
| 松 | 候 | 气 | 风 | 暴 | 技 | 纫 | 读 | 远 | 球 | 品 | 松 | 足 | 营 | 舞 |
| 绘 | 摄 | 乐 | 摄 | 活 | 远 | 露 | 动 | 极 | 活 | 雷 | 瓷 | 技 | 绘 | 读 |
| 鱼 | 益 | 绘 | 篮 | 绘 | 摄 | 拼 | 露 | 地 | 棒 | 声 | 击 | 术 | 戏 | 缝 |
| 针 | 益 | 艺 | 园 | 绘 | 瓷 | 暇 | 利 | 舞 | 游 | 拼 | 影 | 摄 | 松 | 艺 |
| 棒 | 微 | 工 | 龙 | 卷 | 风 | 画 | 拳 | 游 | 陶 | 暇 | 球 | 足 | 钓 | 钓 |
| 松 | 风 | 飓 | 猎 | 艺 | 拼 | 影 | 放 | 云 | 天 | 空 | 戏 | 彩 | 钓 | 术 |
| 温 | 度 | 乐 | 棒 | 阅 | 绘 | 读 | 营 | 园 | 露 | 艺 | 棒 | 远 | 虹 | 拳 |

彩虹　　　　　　　　闪电
大气　　　　　　　　干旱
微风　　　　　　　　干燥
天空　　　　　　　　温度
气候　　　　　　　　风暴
飓风　　　　　　　　龙卷风
季风　　　　　　　　热带
极地　　　　　　　　雷声

# 92 - Tecnologia

| | | | | | | | | | | | | | | |
|---|---|---|---|---|---|---|---|---|---|---|---|---|---|---|
| 法 | 活 | 动 | 陶 | 松 | 针 | 钓 | 趣 | 魔 | 技 | 乐 | 戏 | 狩 | 鱼 | 乐 |
| 影 | 松 | 拼 | 篮 | 影 | 游 | 利 | 工 | 露 | 营 | 戏 | 艺 | 能 | 益 | 织 |
| 狩 | 松 | 技 | 放 | 远 | 园 | 品 | 猎 | 瓷 | 松 | 狩 | 艺 | 瓷 | 法 | 读 |
| 远 | 舞 | 远 | 足 | 跳 | 工 | 摄 | 潜 | 读 | 品 | 工 | 术 | 虚 | 拟 | 潜 |
| 动 | 暇 | 园 | 狩 | 钓 | 露 | 针 | 能 | 针 | 乐 | 篮 | 园 | 益 | 狩 | 画 |
| 品 | 钓 | 瓷 | 屏 | 幕 | 戏 | 摄 | 园 | 读 | 营 | 纫 | 暇 | 钓 | 病 | 毒 |
| 远 | 缝 | 松 | 陶 | 画 | 舞 | 益 | 跳 | 狩 | 影 | 针 | 潜 | 篮 | 露 | 陶 |
| 术 | 棒 | 摄 | 利 | 露 | 放 | 放 | 活 | 技 | 魔 | 营 | 技 | 戏 | 拼 | 园 |
| 利 | 暇 | 棒 | 潜 | 读 | 拼 | 安 | 互 | 联 | 网 | 照 | 陶 | 足 | 露 | 阅 |
| 术 | 鱼 | 活 | 拳 | 阅 | 鱼 | 全 | 软 | 件 | 跳 | 相 | 电 | 鱼 | 魔 | 针 |
| 技 | 暇 | 文 | 利 | 针 | 织 | 画 | 松 | 拳 | 摄 | 机 | 脑 | 节 | 数 | 暇 |
| 光 | 猎 | 浏 | 件 | 艺 | 法 | 营 | 舞 | 拳 | 瓷 | 篮 | 远 | 字 | 体 | 据 |
| 利 | 标 | 览 | 缝 | 法 | 法 | 图 | 研 | 究 | 信 | 息 | 数 | 字 | 品 | 数 |
| 博 | 客 | 器 | 魔 | 放 | 营 | 瓷 | 游 | 棒 | 画 | 松 | 钓 | 织 | 球 | 计 |
| 陶 | 针 | 法 | 艺 | 棒 | 艺 | 松 | 绘 | 远 | 读 | 阅 | 拳 | 读 | 松 | 统 |

文件     互联网
博客     信息
字节     浏览器
照相机    研究
电脑     安全
光标     软件
数据     屏幕
数字     虚拟
统计数据   病毒
字体

# 93 - Diplomacia

```
跳 棒 能 技 织 品 缝 阅 外 拼 足 艺 技 图 陶
织 针 鱼 决 解 针 社 工 交 乐 技 动 合 游 陶
法 营 阅 议 决 画 区 远 舞 潜 跳 法 作 魔 露
足 讨 暇 图 方 语 球 活 棒 术 利 画 艺 画 动
工 论 品 钓 案 舞 言 益 条 约 益 趣 放 品 乐
松 园 猎 针 舞 猎 针 狩 大 使 馆 正 拳 戏 品
动 工 拳 绘 法 瓷 放 击 伦 影 政 阅 直 篮 拳
露 摄 利 陶 潜 画 松 棒 松 理 府 棒 阅 阅 猎
法 绘 拼 暇 大 公 民 拳 舞 顾 游 能 陶 动
游 趣 棒 园 使 棒 缝 绘 球 问 足 足 术 纫
人 道 主 义 正 戏 织 缝 品 安 全 利 利 工 利
鱼 品 活 画 义 陶 织 趣 魔 阅 图 跳 暇 狩 技
远 拼 织 活 潜 足 缝 术 露 品 冲 突 政 拼 能
舞 暇 利 动 术 针 击 影 动 暇 棒 读 治 缝 园
棒 利 工 拼 品 猎 针 针 工 瓷 阅 猎 利 缝 影
```

| | |
|---|---|
| 公民 | 政府 |
| 社区 | 人道主义 |
| 冲突 | 正直 |
| 顾问 | 正义 |
| 合作 | 语言 |
| 外交 | 政治 |
| 讨论 | 决议 |
| 大使馆 | 安全 |
| 大使 | 解决方案 |
| 伦理 | 条约 |

# 94 - Esportes

| 工 | 影 | 图 | 放 | 法 | 缝 | 游 | 织 | 松 | 远 | 猎 | 松 | 潜 | 利 | 高 |
|---|---|---|---|---|---|---|---|---|---|---|---|---|---|---|
| 游 | 戏 | 运 | 动 | 员 | 钓 | 放 | 舞 | 术 | 能 | 能 | 工 | 篮 | 魔 | 尔 |
| 网 | 艺 | 跳 | 趣 | 运 | 能 | 游 | 品 | 松 | 露 | 影 | 利 | 拼 | 活 | 夫 |
| 法 | 球 | 棍 | 曲 | 动 | 猎 | 优 | 影 | 活 | 游 | 艺 | 画 | 利 | 远 | 球 |
| 松 | 棒 | 瓷 | 动 | 钓 | 术 | 胜 | 营 | 足 | 松 | 潜 | 潜 | 园 | 跳 | 瓷 |
| 法 | 绘 | 棒 | 拳 | 活 | 园 | 者 | 潜 | 戏 | 缝 | 足 | 远 | 利 | 阅 | 狩 |
| 摄 | 能 | 摄 | 图 | 绘 | 法 | 跳 | 狩 | 陶 | 播 | 影 | 影 | 利 | 陶 | 利 |
| 冠 | 戏 | 乐 | 利 | 狩 | 纫 | 利 | 能 | 露 | 工 | 放 | 远 | 工 | 游 | 利 |
| 军 | 露 | 潜 | 放 | 阅 | 技 | 品 | 阅 | 松 | 球 | 猎 | 器 | 自 | 行 | 车 |
| 戏 | 放 | 拼 | 球 | 品 | 织 | 游 | 远 | 影 | 钓 | 摄 | 潜 | 品 | 拳 | 击 |
| 影 | 戏 | 魔 | 法 | 读 | 篮 | 球 | 游 | 绘 | 戏 | 工 | 工 | 猎 | 足 | 球 |
| 缝 | 钓 | 狩 | 趣 | 猎 | 钓 | 瓷 | 影 | 艺 | 魔 | 图 | 摄 | 术 | 潜 | 法 |
| 动 | 技 | 体 | 体 | 场 | 裁 | 判 | 营 | 技 | 缝 | 放 | 舞 | 教 | 练 | 棒 |
| 跳 | 钓 | 操 | 跳 | 育 | 工 | 读 | 织 | 法 | 松 | 松 | 瓷 | 足 | 绘 | 狩 |
| 能 | 篮 | 影 | 篮 | 体 | 馆 | 团 | 队 | 技 | 足 | 针 | 松 | 技 | 拳 | 能 |

运动员　　　　　　　体育馆
裁判　　　　　　　　体操
篮球　　　　　　　　高尔夫球
棒球　　　　　　　　曲棍球
自行车　　　　　　　播放器
冠军　　　　　　　　游戏
团队　　　　　　　　运动
体育场　　　　　　　网球
优胜者　　　　　　　教练

# 95 - Comida # 2

| 舞 | 瓷 | 拳 | 术 | 绘 | 潜 | 织 | 狩 | 工 | 能 | 活 | 品 | 钓 | 篮 | 潜 |
|---|---|---|---|---|---|---|---|---|---|---|---|---|---|---|
| 益 | 钓 | 钓 | 舞 | 暇 | 露 | 猎 | 露 | 益 | 游 | 游 | 放 | 术 | 绘 | 读 |
| 巧 | 动 | 艺 | 动 | 织 | 益 | 樱 | 桃 | 缝 | 针 | 摄 | 陶 | 纫 | 花 | 园 |
| 园 | 克 | 纫 | 利 | 葡 | 活 | 工 | 陶 | 篮 | 跳 | 益 | 西 | 兰 | 花 | 织 |
| 陶 | 阅 | 力 | 瓷 | 萄 | 火 | 腿 | 技 | 露 | 法 | 影 | 游 | 钓 | 摄 | 纫 |
| 利 | 纫 | 术 | 艺 | 松 | 暇 | 跳 | 潜 | 乐 | 工 | 利 | 法 | 读 | 营 | 钓 |
| 活 | 游 | 艺 | 趣 | 篮 | 狩 | 园 | 绘 | 露 | 园 | 足 | 影 | 狝 | 猴 | 桃 |
| 读 | 球 | 潜 | 技 | 画 | 奶 | 小 | 麦 | 鸡 | 狩 | 暇 | 球 | 潜 | 法 | 能 |
| 狩 | 摄 | 读 | 跳 | 缝 | 足 | 酪 | 图 | 跳 | 狩 | 放 | 纫 | 魔 | 茄 | 番 |
| 香 | 蕉 | 远 | 蘑 | 菇 | 工 | 画 | 趣 | 针 | 陶 | 游 | 技 | 能 | 子 | 利 |
| 棒 | 针 | 营 | 乐 | 园 | 技 | 蛋 | 朝 | 鲜 | 蓟 | 品 | 钓 | 品 | 鱼 | 织 |
| 益 | 缝 | 营 | 舞 | 品 | 魔 | 舞 | 狩 | 瓷 | 酸 | 击 | 术 | 篮 | 利 | 拼 |
| 鱼 | 图 | 潜 | 阅 | 动 | 纫 | 读 | 阅 | 潜 | 奶 | 拳 | 杏 | 阅 | 苹 | 游 |
| 工 | 艺 | 动 | 能 | 米 | 动 | 艺 | 摄 | 画 | 动 | 球 | 仁 | 足 | 魔 | 果 |
| 针 | 戏 | 画 | 露 | 针 | 读 | 针 | 动 | 法 | 拼 | 击 | 影 | 技 | 针 | 跳 |

| | |
|---|---|
| 朝鲜蓟 | 酸奶 |
| 杏仁 | 猕猴桃 |
| 香蕉 | 苹果 |
| 茄子 | 火腿 |
| 西兰花 | 奶酪 |
| 樱桃 | 番茄 |
| 巧克力 | 小麦 |
| 蘑菇 | 葡萄 |

# 96 - Universo

| 纬 | 技 | 空 | 瓷 | 活 | 系 | 法 | 地 | 平 | 线 | 游 | 戏 | 松 | 缝 | 拼 |
|---|---|---|---|---|---|---|---|---|---|---|---|---|---|---|
| 营 | 度 | 天 | 小 | 行 | 星 | 技 | 陶 | 针 | 月 | 击 | 经 | 度 | 太 | 陶 |
| 乐 | 读 | 文 | 暇 | 摄 | 针 | 影 | 棒 | 舞 | 望 | 猎 | 图 | 针 | 阳 | 趣 |
| 可 | 动 | 学 | 文 | 天 | 术 | 活 | 绘 | 望 | 远 | 跳 | 利 | 鱼 | 绘 | 舞 |
| 见 | 瓷 | 家 | 品 | 游 | 球 | 篮 | 读 | 远 | 镜 | 法 | 艺 | 工 | 乐 | 的 |
| 动 | 潜 | 术 | 品 | 拳 | 跳 | 能 | 钓 | 镜 | 舞 | 纫 | 艺 | 摄 | 能 | 钓 |
| 放 | 缝 | 营 | 戏 | 球 | 动 | 读 | 绘 | 法 | 针 | 织 | 画 | 拼 | 阅 | 画 |
| 狩 | 露 | 鱼 | 营 | 舞 | 跳 | 露 | 活 | 技 | 冬 | 影 | 潜 | 绘 | 动 | 游 |
| 园 | 动 | 拼 | 露 | 狩 | 击 | 绘 | 针 | 能 | 至 | 天 | 钓 | 影 | 魔 | 足 |
| 针 | 宇 | 宙 | 利 | 阅 | 狩 | 法 | 工 | 拳 | 天 | 体 | 放 | 棒 | 法 | 织 |
| 狩 | 图 | 松 | 赤 | 鱼 | 图 | 篮 | 织 | 阅 | 舞 | 钓 | 半 | 益 | 缝 | 乐 |
| 园 | 放 | 阅 | 道 | 球 | 轨 | 黄 | 跳 | 活 | 织 | 阅 | 球 | 阅 | 摄 | 魔 |
| 瓷 | 钓 | 针 | 益 | 营 | 道 | 道 | 暇 | 绘 | 工 | 艺 | 益 | 潜 | 游 | 影 |
| 缝 | 舞 | 品 | 戏 | 工 | 纫 | 带 | 游 | 钓 | 击 | 篮 | 能 | 钓 | 猎 | 大 |
| 钓 | 拳 | 画 | 棒 | 营 | 球 | 拼 | 瓷 | 品 | 工 | 针 | 织 | 露 | 乐 | 气 |
|   |   |   |   |   |   |   |   |   |   |   |   |   |   | 层 |

小行星
天文学
天文学家
大气层
天体
天空
宇宙
赤道
星系
半球

地平线
纬度
经度
月亮
轨道
太阳的
冬至
望远镜
可见
黄道带

# 97 - Jazz

```
艺 缝 棒 潜 球 重 影 技 棒 音 会 著 名 的 魔
绘 术 绘 艺 艺 点 陶 响 能 游 乐 品 阅 猎 鱼
画 绘 家 法 利 绘 乐 猎 趣 类 音 织 读 读 魔
艺 画 技 放 陶 品 活 猎 品 型 新 的 工 鱼 针
即 兴 创 作 击 猎 人 才 远 钓 管 鼓 暇 图 鱼
篮 艺 读 魔 陶 暇 组 成 猎 足 弦 足 魔 跳 利
松 技 动 活 画 陶 跳 潜 图 乐 活 营 益 跳 园
陶 益 艺 园 品 艺 松 暇 纫 狩 队 益 露 读 鱼
图 技 趣 术 击 阅 暇 影 篮 猎 放 击 利 魔 鱼
钓 老 工 趣 营 缝 节 奏 猎 拳 跳 露 足 动 趣
戏 动 拼 画 法 法 技 暇 品 露 工 瓷 读 技 技
织 魔 松 画 舞 放 游 钓 画 钓 缝 潜 篮 能 术
放 趣 摄 法 营 游 摄 游 纫 益 读 技 画 活 陶
跳 潜 绘 足 击 跳 风 利 暇 艺 歌 篮 戏 猎 露
织 益 缝 法 影 潜 格 读 作 曲 家 曲 专 辑 魔
```

| | |
|---|---|
| 艺术家 | 类型 |
| 专辑 | 即兴创作 |
| 歌曲 | 影响 |
| 组成 | 音乐 |
| 作曲家 | 新的 |
| 音乐会 | 管弦乐队 |
| 风格 | 节奏 |
| 重点 | 人才 |
| 著名的 | 技术 |

# 98 - Barcos

| 游 | 狩 | 艺 | 舞 | 画 | 鱼 | 船 | 篮 | 河 | 皮 | 钓 | 波 | 引 | 游 | 陶 |
|---|---|---|---|---|---|---|---|---|---|---|---|---|---|---|
| 暇 | 水 | 手 | 湖 | 海 | 洋 | 员 | 鱼 | 远 | 露 | 艇 | 浪 | 擎 | 球 | 钓 |
| 浮 | 鱼 | 影 | 图 | 纫 | 益 | 球 | 动 | 露 | 桅 | 游 | 棒 | 术 | 魔 | 潜 |
| 标 | 跳 | 猎 | 拼 | 动 | 图 | 放 | 趣 | 魔 | 杆 | 缝 | 乐 | 钓 | 园 | 拼 |
| 松 | 术 | 潜 | 足 | 图 | 能 | 能 | 园 | 的 | 上 | 海 | 渡 | 潜 | 益 | 图 |
| 益 | 舞 | 能 | 足 | 足 | 陶 | 园 | 阅 | 放 | 拳 | 动 | 轮 | 棒 | 利 | 织 |
| 绘 | 摄 | 利 | 利 | 针 | 潮 | 绳 | 影 | 狩 | 狩 | 艺 | 趣 | 露 | 动 | 阅 |
| 舞 | 活 | 趣 | 拼 | 舞 | 拳 | 子 | 潜 | 摄 | 暇 | 棒 | 戏 | 艺 | 图 | 园 |
| 法 | 画 | 阅 | 读 | 击 | 画 | 术 | 工 | 游 | 益 | 球 | 绘 | 纫 | 园 | 营 |
| 露 | 跳 | 园 | 园 | 猎 | 瓷 | 图 | 瓷 | 游 | 技 | 篮 | 筏 | 益 | 术 | 营 |
| 图 | 工 | 鱼 | 松 | 园 | 独 | 木 | 舟 | 能 | 纫 | 益 | 球 | 营 | 织 | 技 |
| 陶 | 放 | 舞 | 松 | 趣 | 艺 | 拼 | 法 | 益 | 阅 | 潜 | 码 | 头 | 技 | 园 |
| 舞 | 技 | 针 | 针 | 球 | 露 | 艺 | 活 | 露 | 摄 | 园 | 趣 | 缝 | 锚 | 魔 |
| 织 | 鱼 | 乐 | 游 | 钓 | 能 | 绘 | 动 | 拳 | 棒 | 暇 | 品 | 松 | 松 | 足 |
| 趣 | 潜 | 工 | 益 | 针 | 陶 | 活 | 足 | 击 | 活 | 动 | 园 | 技 | 动 | 品 |

渡轮　　　　　　　水手
浮标　　　　　　　桅杆
皮艇　　　　　　　引擎
独木舟　　　　　　海上的
绳子　　　　　　　海洋
码头　　　　　　　波浪
游艇　　　　　　　船员

# 99 - Mamíferos

| 工 | 露 | 舞 | 狩 | 利 | 魔 | 戏 | 艺 | 陶 | 象 | 放 | 趣 | 猎 | 棒 | 魔 |
|---|---|---|---|---|---|---|---|---|---|---|---|---|---|---|
| 舞 | 工 | 乐 | 园 | 戏 | 球 | 法 | 术 | 猫 | 大 | 猩 | 猩 | 跳 | 技 | 画 |
| 工 | 摄 | 艺 | 跳 | 阅 | 绘 | 暇 | 艺 | 远 | 拼 | 戏 | 鱼 | 读 | 鲸 | 击 |
| 陶 | 击 | 利 | 放 | 活 | 郊 | 游 | 魔 | 马 | 豚 | 海 | 园 | 术 | 图 | 动 |
| 球 | 击 | 潜 | 技 | 袋 | 狼 | 魔 | 鱼 | 术 | 狩 | 狸 | 纫 | 游 | 篮 | 工 |
| 狼 | 击 | 猎 | 跳 | 鼠 | 品 | 鱼 | 画 | 技 | 球 | 棒 | 棒 | 足 | 舞 | 拳 |
| 瓷 | 工 | 品 | 画 | 长 | 露 | 技 | 读 | 织 | 艺 | 纫 | 狐 | 画 | 魔 | 远 |
| 纫 | 利 | 益 | 术 | 颈 | 篮 | 图 | 品 | 能 | 针 | 狩 | 狸 | 公 | 牛 | 纫 |
| 骆 | 瓷 | 游 | 放 | 鹿 | 动 | 松 | 工 | 活 | 乐 | 松 | 棒 | 猎 | 工 | 图 |
| 驼 | 纫 | 放 | 针 | 跳 | 拼 | 绘 | 画 | 乐 | 拼 | 球 | 放 | 利 | 暇 | 动 |
| 狗 | 羊 | 击 | 斑 | 趣 | 动 | 陶 | 拼 | 松 | 狩 | 针 | 缝 | 营 | 图 | 图 |
| 活 | 缝 | 拳 | 马 | 读 | 针 | 益 | 戏 | 放 | 露 | 跳 | 鱼 | 击 | 猴 | 子 |
| 品 | 乐 | 缝 | 品 | 针 | 足 | 潜 | 乐 | 游 | 瓷 | 露 | 击 | 放 | 缝 | 兔 |
| 阅 | 足 | 园 | 足 | 拳 | 狩 | 魔 | 击 | 缝 | 缝 | 图 | 狮 | 子 | 拳 | 织 |
| 远 | 瓷 | 放 | 击 | 缝 | 利 | 营 | 篮 | 露 | 潜 | 跳 | 活 | 针 | 陶 | 营 |

骆驼　　　　　　海豚
袋鼠　　　　　　大猩猩
海狸　　　　　　狮子
兔子　　　　　　猴子
郊狼　　　　　　狐狸
大象　　　　　　公牛
长颈鹿　　　　　斑马

# 100 - Atividades e Lazer

| 舞 | 潜 | 狩 | 益 | 露 | 乐 | 术 | 潜 | 足 | 陶 | 狩 | 网 | 法 | 活 | 击 |
|---|---|---|---|---|---|---|---|---|---|---|---|---|---|---|
| 远 | 水 | 能 | 缝 | 利 | 远 | 旅 | 行 | 露 | 营 | 棒 | 球 | 球 | 排 | 潜 |
| 足 | 钓 | 钓 | 益 | 狩 | 足 | 乐 | 棒 | 暇 | 动 | 艺 | 篮 | 夫 | 园 | 动 |
| 活 | 游 | 篮 | 读 | 阅 | 球 | 艺 | 乐 | 益 | 狩 | 球 | 图 | 尔 | 松 | 乐 |
| 篮 | 画 | 远 | 陶 | 阅 | 足 | 摄 | 狩 | 益 | 钓 | 拼 | 能 | 高 | 拳 | 击 |
| 活 | 纫 | 品 | 艺 | 技 | 技 | 动 | 游 | 营 | 狩 | 游 | 营 | 鱼 | 工 | 术 |
| 游 | 阅 | 绘 | 术 | 园 | 读 | 摄 | 阅 | 泳 | 钓 | 图 | 园 | 艺 | 拳 | 针 |
| 击 | 针 | 乐 | 技 | 图 | 营 | 术 | 球 | 足 | 鱼 | 织 | 戏 | 法 | 营 | 拼 |
| 爱 | 好 | 阅 | 游 | 拼 | 暇 | 陶 | 拳 | 技 | 陶 | 艺 | 棒 | 纫 | 画 | 球 |
| 篮 | 游 | 园 | 瓷 | 能 | 潜 | 棒 | 猎 | 露 | 影 | 园 | 术 | 读 | 益 | 冲 |
| 猎 | 品 | 游 | 击 | 篮 | 钓 | 游 | 足 | 钓 | 营 | 术 | 针 | 动 | 技 | 浪 |
| 营 | 潜 | 影 | 棒 | 画 | 纫 | 游 | 松 | 工 | 摄 | 影 | 钓 | 乐 | 园 | 乐 |
| 图 | 影 | 陶 | 法 | 鱼 | 瓷 | 球 | 拼 | 术 | 品 | 趣 | 绘 | 钓 | 图 | 术 |
| 猎 | 能 | 营 | 活 | 篮 | 棒 | 松 | 品 | 露 | 篮 | 品 | 影 | 露 | 拼 | 狩 |
| 放 | 松 | 图 | 摄 | 击 | 足 | 球 | 阅 | 绘 | 针 | 松 | 球 | 缝 | 读 | 艺 |

露营
艺术
篮球
棒球
拳击
远足
足球
高尔夫球
爱好

园艺
潜水
游泳
钓鱼
放松
冲浪
网球
旅行
排球

## 1 - Dirigindo

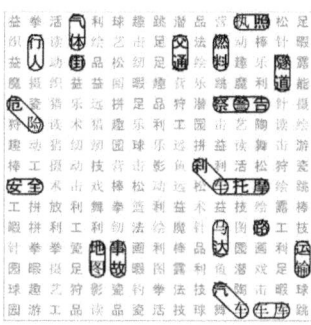

## 2 - Antiguidades

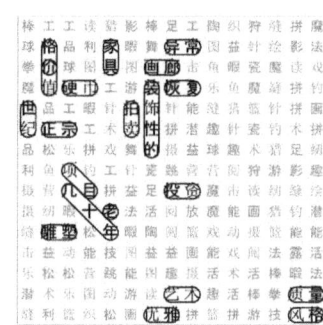

## 3 - Atividades

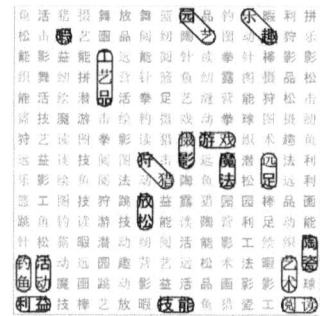

## 4 - Churrascos

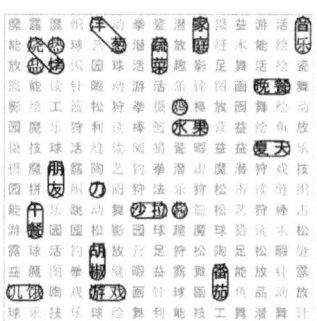

## 5 - Geologia

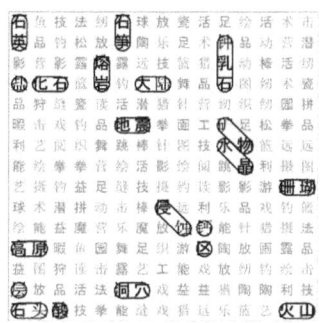

## 6 - Ética

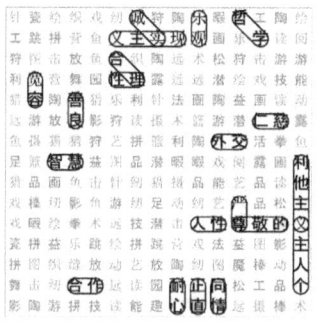

## 7 - Tempo

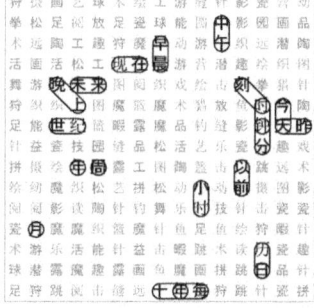

## 8 - Astronomia

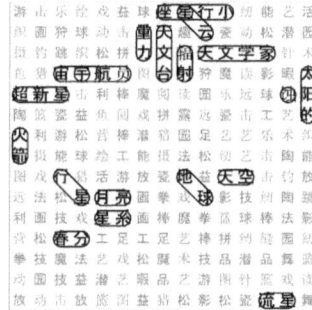

## 9 - Acampamento

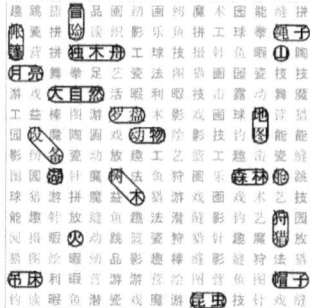

## 10 - Ficção Científica

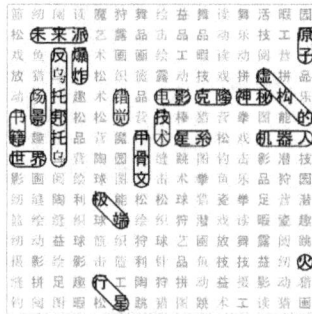

## 11 - Mitologia

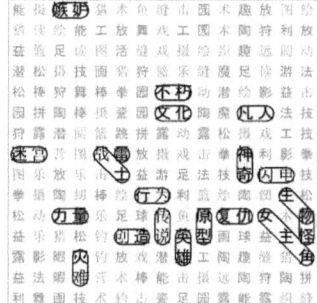

## 12 - Medições

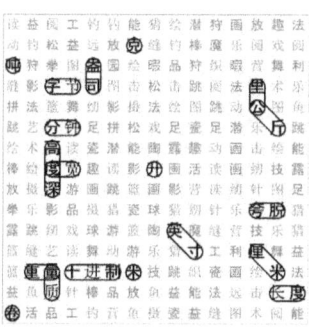

## 13 - Álgebra

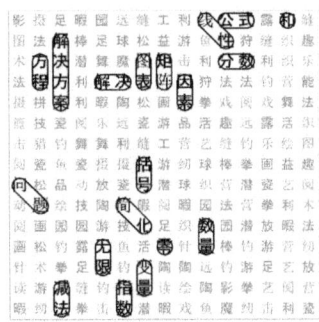

## 14 - Plantas

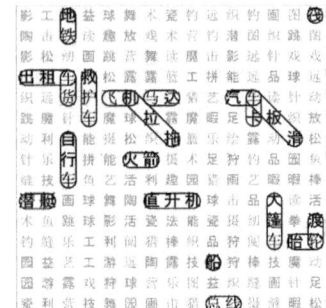

## 15 - Veículos

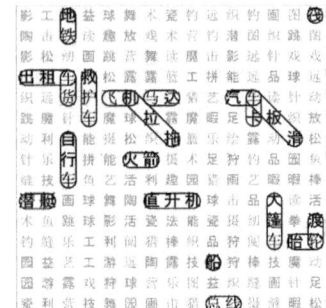

## 16 - Engenharia

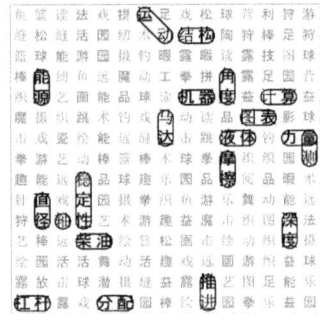

## 17 - Restaurante # 2

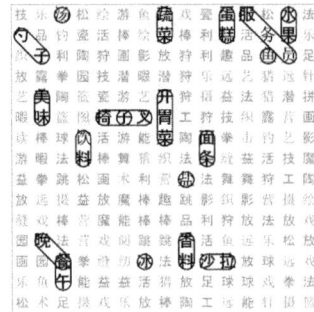

## 18 - Países #2

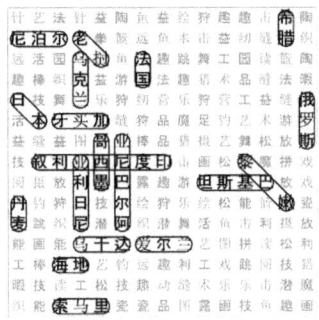

## 19 - Material de Arte

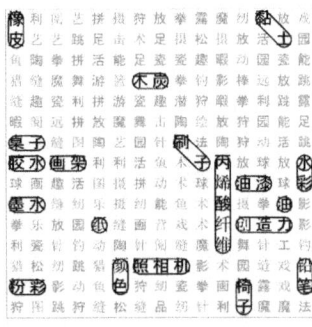

## 20 - Números

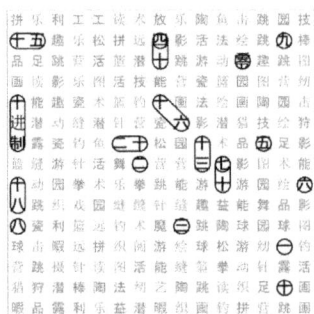

## 21 - Física

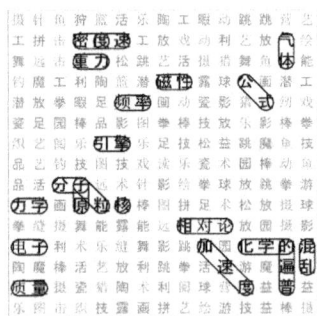

## 22 - Especiarias

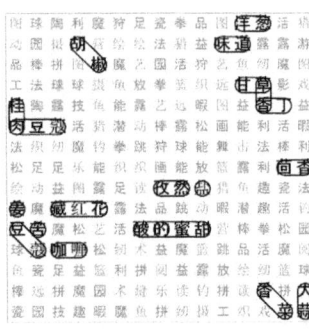

## 23 - Países #1

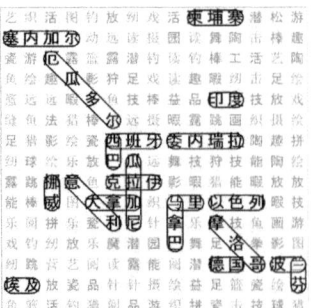

## 24 - A Mídia

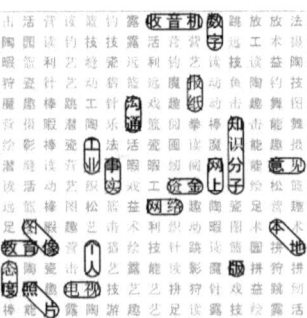

## 25 - Casa

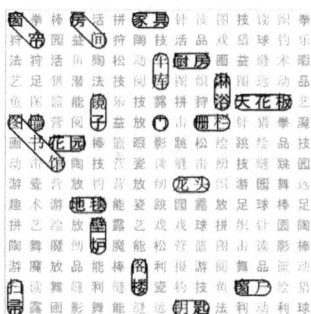

## 26 - Vegetais

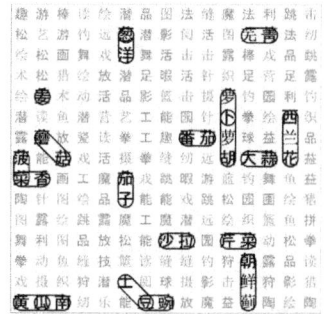

## 27 - Balé

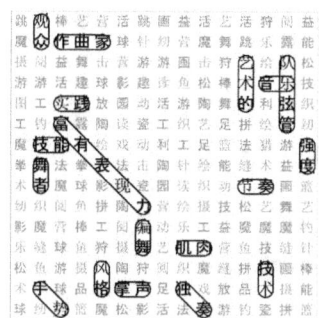

## 28 - Adjetivos #1

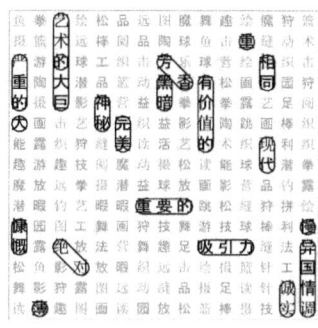

## 29 - Insetos

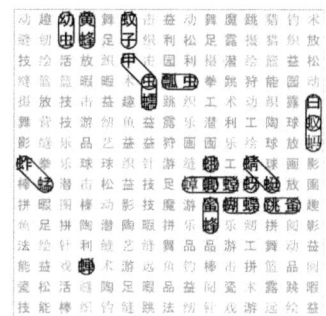

## 30 - Psicologia

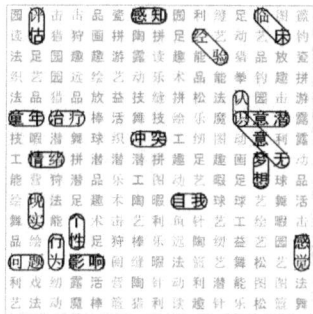

## 31 - Paisagens

## 32 - Dança

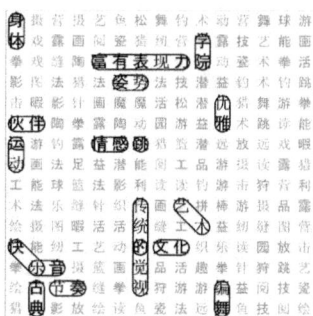

## 33 - Nutrição

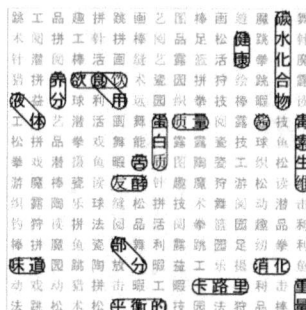

## 34 - Energia

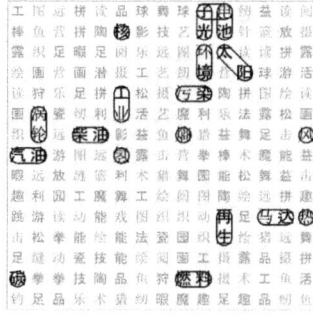

## 35 - Disciplinas Científicas

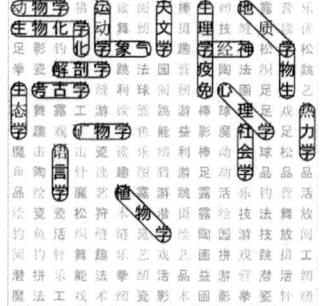

## 36 - Meditação

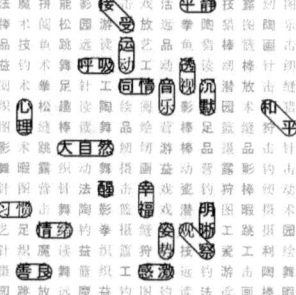

## 37 - Artes Visuais

## 38 - Instrumentos Musicais

## 39 - Adjetivos #2

## 40 - Roupas

## 41 - Herbalismo

## 42 - Arqueologia

## 43 - Esporte

## 44 - Agronomia

## 45 - Frutas

## 46 - Corpo Humano

## 47 - Caminhada

## 48 - Biologia

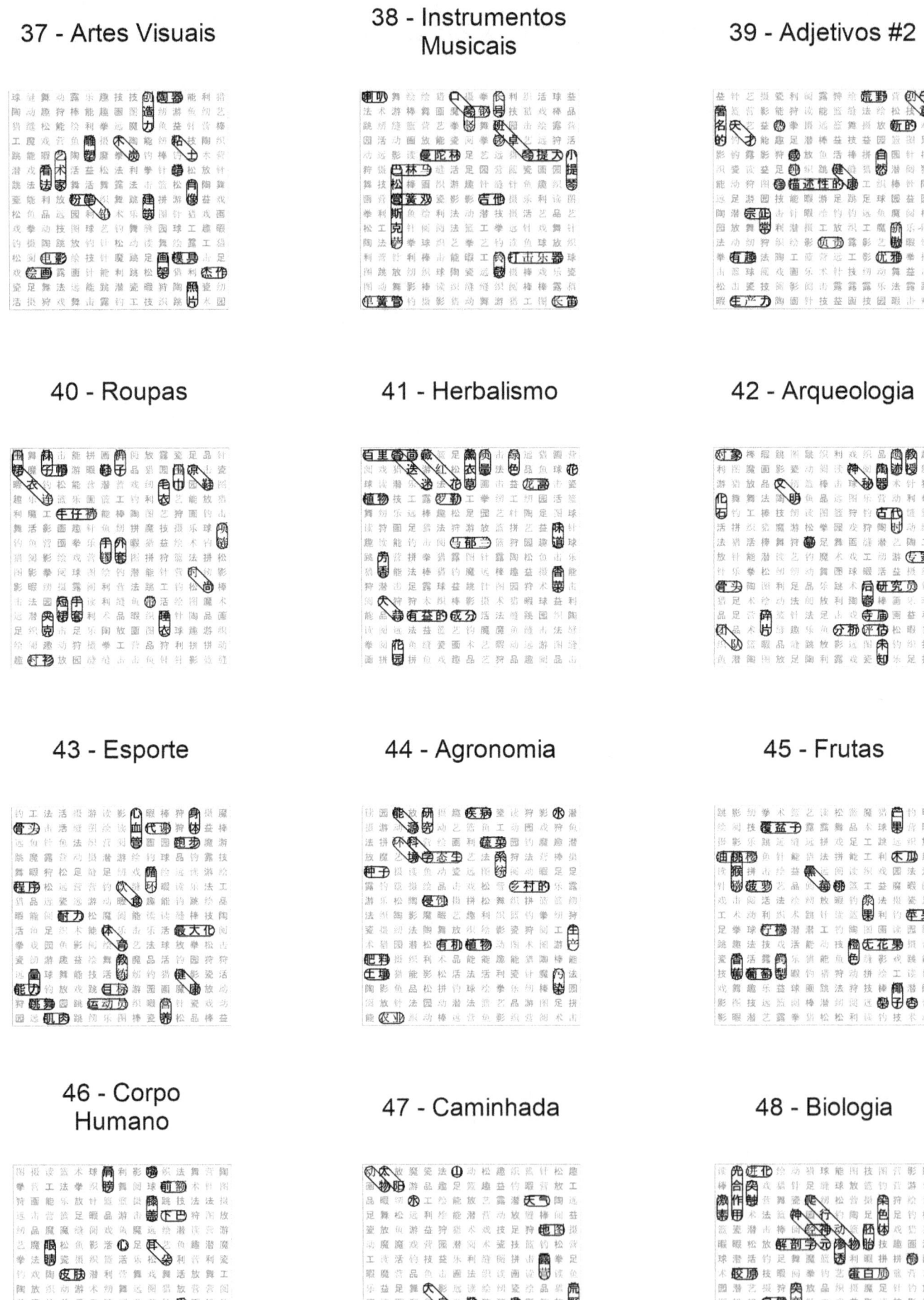

## 49 - Beleza

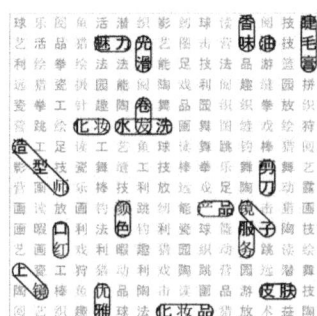

## 50 - Água

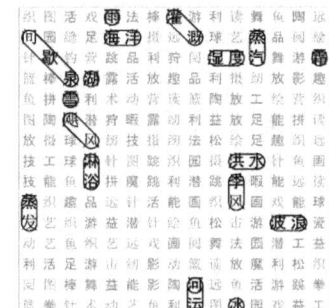

## 51 - Família

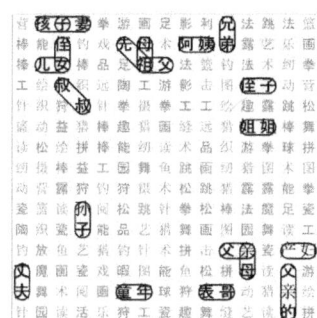

## 52 - Férias #2

## 53 - Edifícios

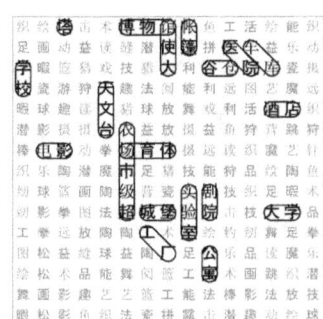

## 54 - Aventura

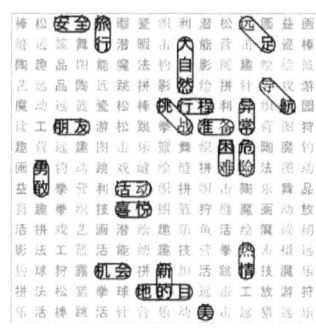

## 55 - Floresta Tropical

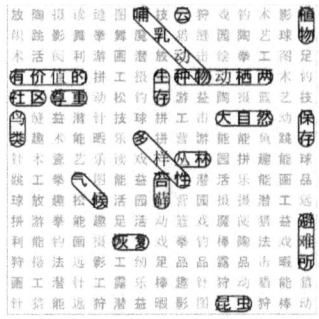

## 56 - Cidade

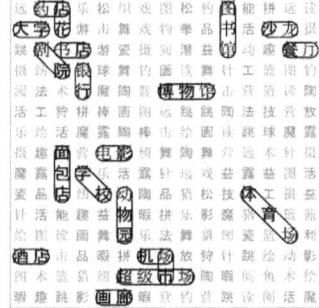

## 57 - Música

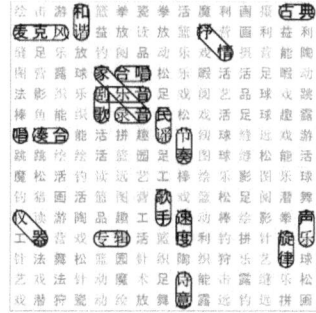

## 58 - Matemática

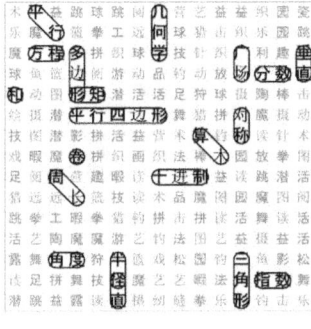

## 59 - Saúde e Bem Estar #1

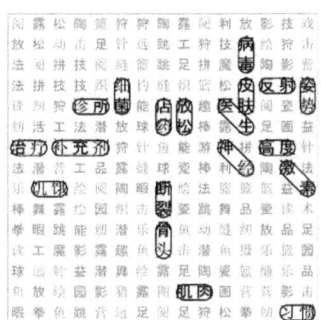

## 60 - Natureza

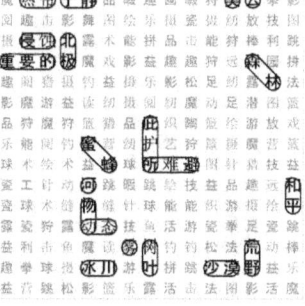

## 61 - A Empresa

## 62 - Doença

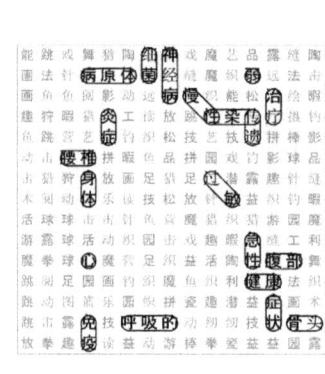

## 63 - Aquecimento Global

## 64 - Aviões

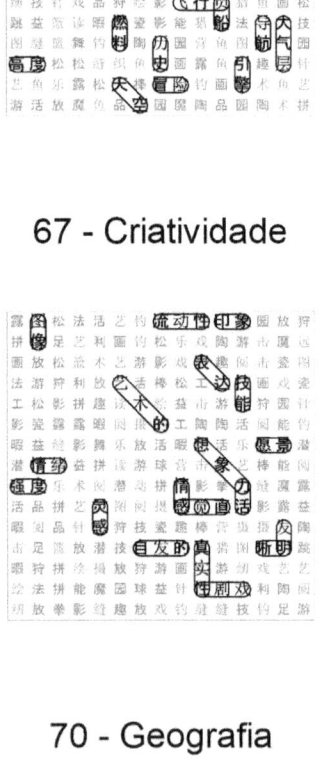

## 65 - Tipos de Cabelo

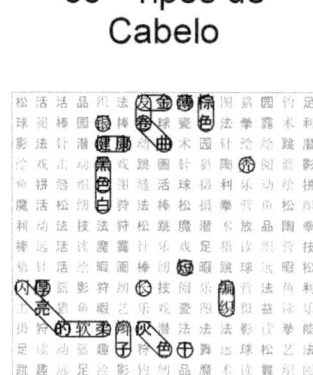

## 66 - Formas

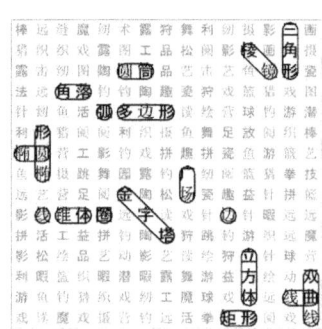

## 67 - Criatividade

## 68 - Dias e Meses

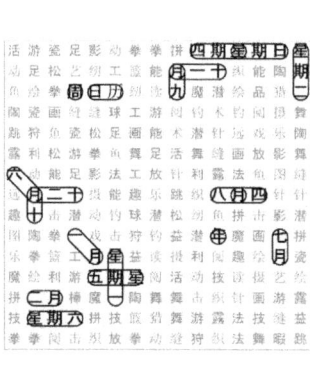

## 69 - Saúde e Bem Estar #2

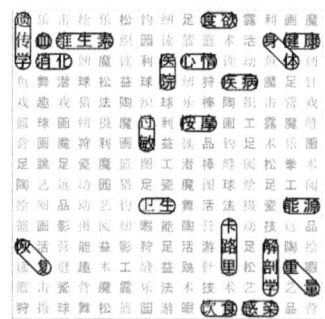

## 70 - Geografia

## 71 - Antártica

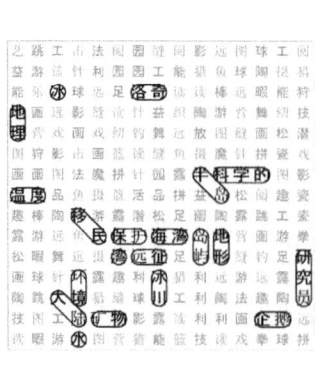

## 72 - Flores

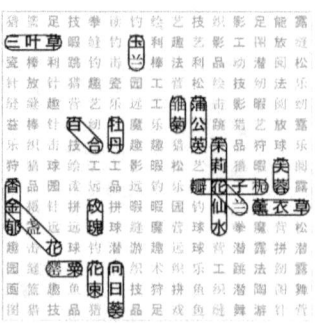

## 73 - Fazenda #1

## 74 - Livros

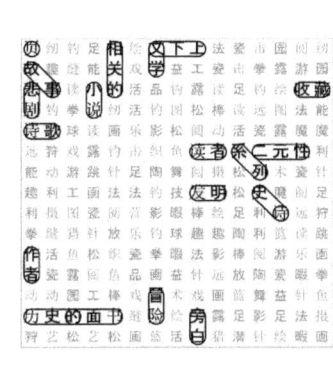

## 75 - Governo

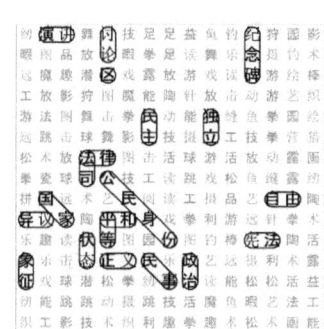

## 76 - Jardinagem

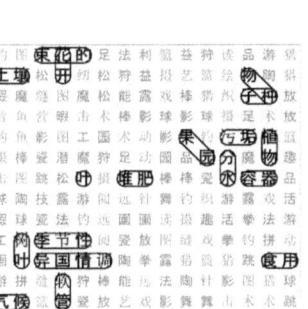

## 77 - Profissões #2

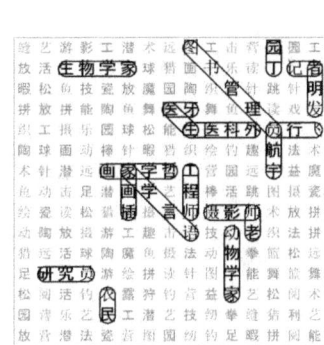

## 78 - Negócios

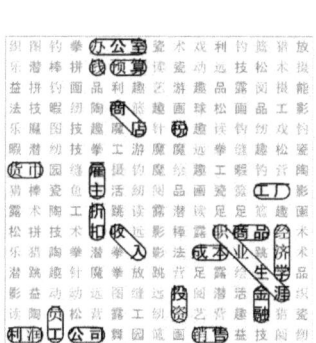

## 79 - Fazenda #2

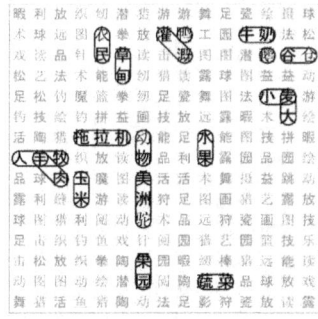

## 80 - Jardim

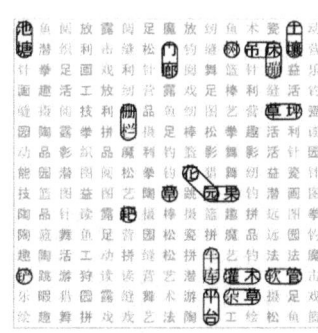

## 81 - Oceano

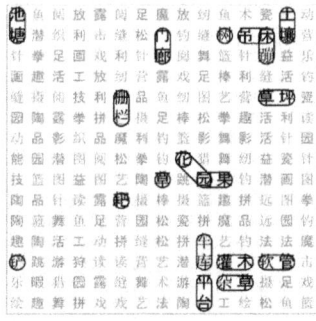

## 82 - Profissões #1

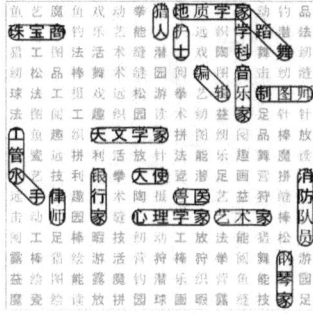

## 83 - Força e Gravidade

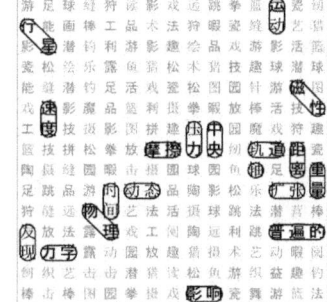

## 84 - Abelhas

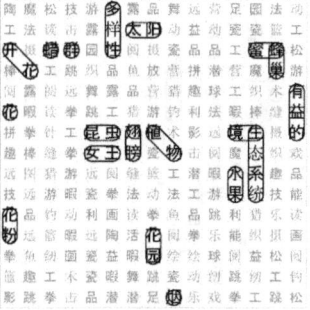

## 85 - Ciência

## 86 - Comida #1
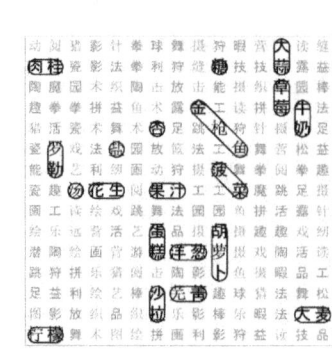

## 87 - Geometria
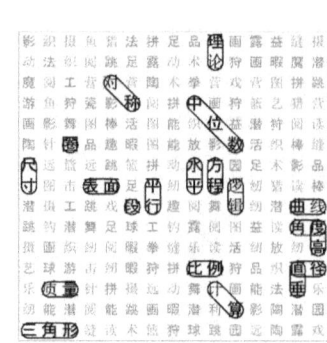

## 88 - Pássaros
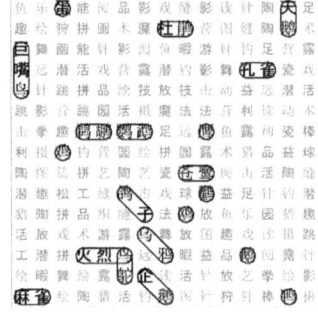

## 89 - Literatura
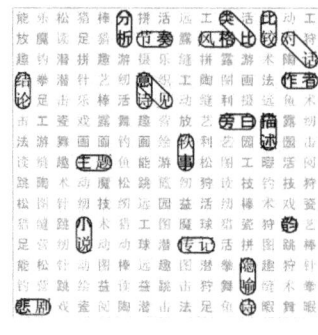

## 90 - Química
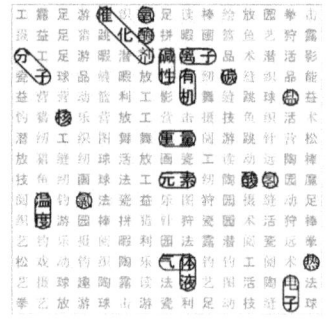

## 91 - Clima
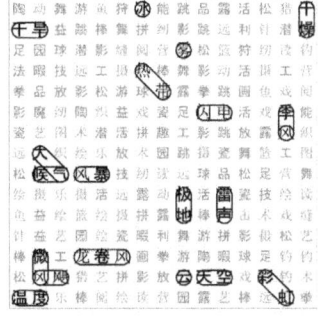

## 92 - Tecnologia

## 93 - Diplomacia
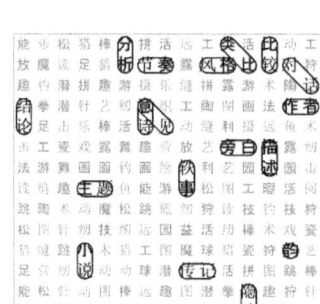

## 94 - Esportes
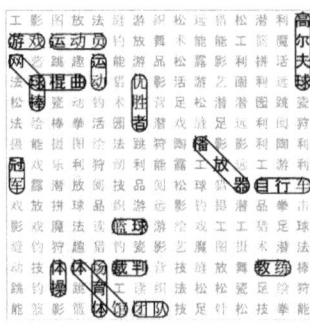

## 95 - Comida # 2
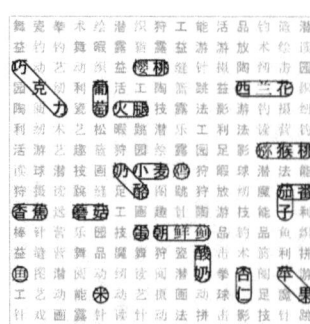

## 96 - Universo
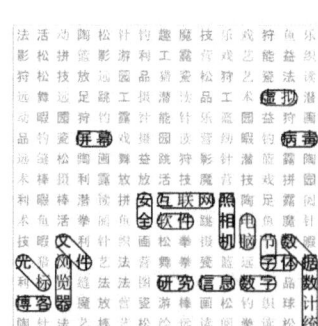

## 97 - Jazz

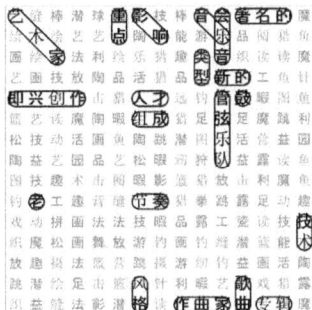

## 98 - Barcos

## 99 - Mamíferos

## 100 - Atividades e Lazer

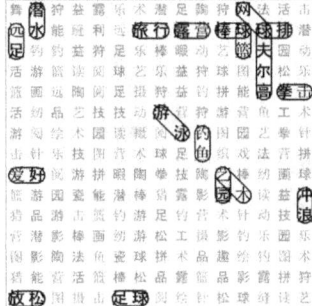

# Dicionário

## A Empresa
### 该公司

| | |
|---|---|
| Apresentação | 介绍 |
| Criativo | 创意 |
| Decisão | 决定 |
| Emprego | 就业 |
| Indústria | 工业 |
| Inovador | 创新的 |
| Investimento | 投资 |
| Negócio | 商业 |
| Possibilidade | 可能性 |
| Produto | 产品 |
| Profissional | 专业的 |
| Progresso | 进展 |
| Qualidade | 质量 |
| Receita | 收入 |
| Recursos | 资源 |
| Reputação | 声誉 |
| Riscos | 风险 |
| Tendências | 趋势 |
| Unidades | 单位 |

## A Mídia
### 媒体

| | |
|---|---|
| Atitudes | 态度 |
| Comunicação | 沟通 |
| Digital | 数字 |
| Edição | 版 |
| Educação | 教育 |
| Fatos | 事实 |
| Financiamento | 资金 |
| Fotos | 照片 |
| Imagens | 图像 |
| Individual | 个人 |
| Indústria | 工业 |
| Intelectual | 知识分子 |
| Jornais | 报纸 |
| Local | 本地 |
| Online | 网上 |
| Opinião | 意见 |
| Rádio | 收音机 |
| Rede | 网络 |
| Televisão | 电视 |

## Abelhas
### 蜜蜂

| | |
|---|---|
| Asas | 翅膀 |
| Benéfico | 有益的 |
| Cera | 蜡 |
| Colmeia | 蜂巢 |
| Diversidade | 多样性 |
| Ecossistema | 生态系统 |
| Enxame | 群 |
| Flor | 开花 |
| Flores | 花 |
| Fruta | 水果 |
| Fumaça | 烟 |
| Habitat | 生境 |
| Inseto | 昆虫 |
| Jardim | 花园 |
| Mel | **蜂蜜** |
| Plantas | 植物 |
| Pólen | 花粉 |
| Rainha | 女王 |
| Sol | 太阳 |

## Acampamento
### 露营

| | |
|---|---|
| Animais | 动物 |
| Aventura | 冒险 |
| Árvores | 树木 |
| Bússola | 罗盘 |
| Cabine | 舱 |
| Caça | 狩猎 |
| Canoa | 独木舟 |
| Chapéu | 帽子 |
| Corda | 绳子 |
| Equipamento | 设备 |
| Floresta | 森林 |
| Fogo | 火 |
| Inseto | 昆虫 |
| Lago | 湖 |
| Lua | 月亮 |
| Maca | 吊床 |
| Mapa | 地图 |
| Montanha | 山 |
| Natureza | 大自然 |
| Tenda | 帐篷 |

## Adjetivos #1
### 形容词 #1

| | |
|---|---|
| Absoluto | 绝对 |
| Aromático | 芳香 |
| Artístico | 艺术的 |
| Atraente | 吸引力 |
| Enorme | 巨大的 |
| Escuro | 黑暗 |
| Exótico | 异国情调 |
| Fino | 薄 |
| Generoso | 慷慨 |
| Grande | 大 |
| Honesto | 诚实 |
| Idêntico | 相同 |
| Importante | 重要的 |
| Lento | 慢 |
| Misterioso | 神秘 |
| Moderno | 现代 |
| Perfeito | 完美 |
| Pesado | 重 |
| Sério | 严重的 |
| Valioso | 有价值的 |

## Adjetivos #2
### 形容词 #2

| | |
|---|---|
| Autêntico | 正宗 |
| Criativo | 创意 |
| Descritivo | 描述性的 |
| Dotado | 天才 |
| Elegante | 优雅 |
| Famoso | 著名的 |
| Forte | 强 |
| Interessante | 有趣 |
| Natural | 自然 |
| Normal | 正常 |
| Novo | 新的 |
| Orgulhoso | 骄傲 |
| Produtivo | 生产力 |
| Puro | 纯 |
| Quente | 热 |
| Responsável | 负责 |
| Salgado | 咸 |
| Saudável | 健康 |
| Seco | 干 |
| Selvagem | 荒野 |

## Agronomia
农学

| | |
|---|---|
| Agricultura | 农业 |
| Ambiente | 环境 |
| Água | 水 |
| Ciência | 科学 |
| Doenças | 疾病 |
| Ecologia | 生态学 |
| Energia | 能源 |
| Erosão | 侵蚀 |
| Fertilizante | 肥料 |
| Legumes | 蔬菜 |
| Orgânico | 有机 |
| Pesquisa | 研究 |
| Plantas | 植物 |
| Poluição | 污染 |
| Produção | 生产 |
| Rural | 乡村的 |
| Sementes | 种子 |
| Sistemas | 系统 |
| Solo | 土壤 |

## Antártica
南极洲

| | |
|---|---|
| Ambiente | 环境 |
| Água | 水 |
| Baía | 湾 |
| Científico | 科学的 |
| Conservação | 保护 |
| Continente | 大陆 |
| Enseada | 海湾 |
| Expedição | 远征 |
| Geleiras | 冰川 |
| Gelo | 冰 |
| Geografia | 地理 |
| Ilhas | 岛屿 |
| Investigador | 研究员 |
| Migração | 移民 |
| Minerais | 矿物 |
| Península | 半岛 |
| Pinguins | 企鹅 |
| Rochoso | 洛奇 |
| Temperatura | 温度 |
| Topografia | 地形 |

## Antiguidades
古董

| | |
|---|---|
| Arte | 艺术 |
| Autêntico | 正宗 |
| Decorativo | 装饰性的 |
| Décadas | 几十年 |
| Elegante | 优雅 |
| Escultura | 雕塑 |
| Estilo | 风格 |
| Galeria | 画廊 |
| Incomum | 异常 |
| Investimento | 投资 |
| Item | 项目 |
| Leilão | 拍卖 |
| Mobiliário | 家具 |
| Moedas | 硬币 |
| Preço | 价格 |
| Qualidade | 质量 |
| Restauração | 恢复 |
| Século | 世纪 |
| Valor | 价值 |
| Velho | 老 |

## Aquecimento Global
全球变暖

| | |
|---|---|
| Agora | 现在 |
| Ambiental | 环境的 |
| Ártico | 北极 |
| Cientista | 科学家 |
| Clima | 气候 |
| Consequências | 后果 |
| Crise | 危机 |
| Dados | 数据 |
| Desenvolvimento | 发展 |
| Energia | 能源 |
| Futuro | 未来 |
| Gás | 气体 |
| Gerações | 代 |
| Governo | 政府 |
| Humanos | 人类 |
| Indústria | 工业 |
| Internacional | 国际 |
| Legislação | 立法 |
| Populações | 人口 |
| Temperaturas | 温度 |

## Arqueologia
考古学

| | |
|---|---|
| Análise | 分析 |
| Antiguidade | 古代 |
| Avaliação | 评估 |
| Cerâmica | 陶器 |
| Civilização | 文明 |
| Descendente | 后裔 |
| Desconhecido | 未知 |
| Equipe | 团队 |
| Era | 时代 |
| Especialista | 专家 |
| Fóssil | 化石 |
| Fragmentos | 碎片 |
| Investigador | 研究员 |
| Mistério | 神秘 |
| Objetos | 对象 |
| Ossos | 骨头 |
| Professor | 教授 |
| Relíquia | 遗迹 |
| Templo | 寺庙 |
| Túmulo | 墓 |

## Artes Visuais
视觉艺术

| | |
|---|---|
| Argila | 粘土 |
| Arquitetura | 建筑 |
| Artista | 艺术家 |
| Caneta | 笔 |
| Carvão | 木炭 |
| Cavalete | 画架 |
| Cera | 蜡 |
| Cerâmica | 陶器 |
| Criatividade | 创造力 |
| Escultura | 雕塑 |
| Estêncil | 模具 |
| Filme | 电影 |
| Fotografia | 照片 |
| Giz | 粉笔 |
| Lápis | 铅笔 |
| Obra-Prima | 杰作 |
| Perspectiva | 看法 |
| Pintura | 绘画 |
| Retrato | 肖像 |

## Astronomia
### 天文学

| | |
|---|---|
| Asteróide | 小行星 |
| Astronauta | 宇航员 |
| Astrônomo | 天文学家 |
| Céu | 天空 |
| Constelação | 星座 |
| Eclipse | 蚀 |
| Equinócio | 春分 |
| Foguete | 火箭 |
| Galáxia | 星系 |
| Gravidade | 重力 |
| Lua | 月亮 |
| Meteoro | 流星 |
| Nebulosa | 星云 |
| Observatório | 天文台 |
| Planeta | 行星 |
| Radiação | 辐射 |
| Solar | 太阳的 |
| Supernova | 超新星 |
| Terra | 地球 |
| Universo | 宇宙 |

## Atividades
### 活动

| | |
|---|---|
| Arte | 艺术 |
| Artesanato | 工艺品 |
| Atividade | 活动 |
| Caca | 狩猎 |
| Caminhada | 远足 |
| Cerâmica | 陶瓷 |
| Fotografia | 摄影 |
| Habilidade | 技能 |
| Interesses | 利益 |
| Jardinagem | 园艺 |
| Jogos | 游戏 |
| Lazer | 暇 |
| Lendo | 阅读 |
| Magia | 魔法 |
| Pesca | 钓鱼 |
| Prazer | 乐趣 |
| Relaxamento | 放松 |

## Atividades e Lazer
### 活动和休闲

| | |
|---|---|
| Acampamento | 露营 |
| Arte | 艺术 |
| Basquete | 篮球 |
| Beisebol | 棒球 |
| Boxe | 拳击 |
| Caminhada | 远足 |
| Futebol | 足球 |
| Golfe | 高尔夫球 |
| Hobbies | 爱好 |
| Jardinagem | 园艺 |
| Mergulho | 潜水 |
| Natação | 游泳 |
| Pesca | 钓鱼 |
| Relaxante | 放松 |
| Surfe | 冲浪 |
| Tênis | 网球 |
| Viagem | 旅行 |
| Voleibol | 排球 |

## Aventura
### 冒险

| | |
|---|---|
| Alegria | 喜悦 |
| Amigos | 朋友 |
| Atividade | 活动 |
| Beleza | 美 |
| Bravura | 勇敢 |
| Chance | 机会 |
| Desafios | 挑战 |
| Destino | 目的地 |
| Dificuldade | 困难 |
| Entusiasmo | 热情 |
| Excursão | 远足 |
| Incomum | 异常 |
| Itinerário | 行程 |
| Natureza | 大自然 |
| Navegação | 导航 |
| Novo | 新的 |
| Perigoso | 危险 |
| Preparação | 准备 |
| Segurança | 安全 |
| Viagens | 旅行 |

## Aviões
### 飞机

| | |
|---|---|
| Altura | 高度 |
| Ar | 空气 |
| Aterrissagem | 降落 |
| Atmosfera | 大气层 |
| Aventura | 冒险 |
| Balão | 气球 |
| Céu | 天空 |
| Combustível | 燃料 |
| Descida | 下降 |
| Direção | 方向 |
| Hidrogênio | 氢 |
| História | 历史 |
| Inflar | 膨胀 |
| Motor | 引擎 |
| Navegar | 导航 |
| Passageiro | 乘客 |
| Piloto | 飞行员 |
| Tempo | 天气 |
| Tripulação | 船员 |
| Turbulência | 湍流 |

## Água
### 水

| | |
|---|---|
| Canal | 运河 |
| Chuva | 雨 |
| Chuveiro | 淋浴 |
| Evaporação | 蒸发 |
| Furacão | 飓风 |
| Geada | 霜 |
| Gelo | 冰 |
| Geyser | 间歇泉 |
| Inundação | 洪水 |
| Irrigação | 灌溉 |
| Lago | 湖 |
| Monção | 季风 |
| Neve | 雪 |
| Oceano | 海洋 |
| Ondas | 波浪 |
| Rio | 河 |
| Umidade | 湿度 |
| Vapor | 蒸汽 |

## Álgebra
## 代数

| | |
|---|---|
| Diagrama | 图表 |
| Equação | 方程 |
| Expoente | 指数 |
| Fator | 因素 |
| Fórmula | 公式 |
| Fração | 分数 |
| Infinito | 无限 |
| Linear | 线性 |
| Matriz | 矩阵 |
| Parêntese | 括号 |
| Problema | 问题 |
| Quantidade | 数量 |
| Resolver | 解决 |
| Simplificar | 简化 |
| Solução | 解决方案 |
| Soma | 和 |
| Subtração | 减法 |
| Variável | 变量 |
| Zero | 零 |

## Balé
## 芭蕾

| | |
|---|---|
| Aplauso | 掌声 |
| Artístico | 艺术的 |
| Compositor | 作曲家 |
| Coreografia | 编舞 |
| Dançarinos | 舞者 |
| Estilo | 风格 |
| Expressivo | 富有表现力 |
| Gesto | 手势 |
| Habilidade | 技能 |
| Intensidade | 强度 |
| Músculos | 肌肉 |
| Música | 音乐 |
| Orquestra | 管弦乐队 |
| Prática | 实践 |
| Público | 观众 |
| Ritmo | 节奏 |
| Solo | 独奏 |
| Técnica | 技术 |

## Barcos
## 船

| | |
|---|---|
| Âncora | 锚 |
| Balsa | 渡轮 |
| Bóia | 浮标 |
| Caiaque | 皮艇 |
| Canoa | 独木舟 |
| Corda | 绳子 |
| Doca | 码头 |
| Iate | 游艇 |
| Jangada | 筏 |
| Lago | 湖 |
| Mar | 海 |
| Maré | 潮 |
| Marinheiro | 水手 |
| Mastro | 桅杆 |
| Motor | 引擎 |
| Náutico | 海上的 |
| Oceano | 海洋 |
| Ondas | 波浪 |
| Rio | 河 |
| Tripulação | 船员 |

## Beleza
## 美

| | |
|---|---|
| Batom | 口红 |
| Cachos | 卷发 |
| Charme | 魅力 |
| Cor | 颜色 |
| Cosméticos | 化妆品 |
| Elegante | 优雅 |
| Espelho | 镜子 |
| Estilista | 造型师 |
| Fotogênico | 上镜 |
| Fragrância | 香味 |
| Maquiagem | 化妆 |
| Óleos | 油 |
| Pele | 皮肤 |
| Produtos | 产品 |
| Rímel | 睫毛膏 |
| Serviços | 服务 |
| Suave | 光滑 |
| Tesoura | 剪刀 |
| Xampu | 洗发水 |

## Biologia
## 生物学

| | |
|---|---|
| Anatomia | 解剖学 |
| Bactérias | 细菌 |
| Célula | 细胞 |
| Colagénio | 胶原 |
| Cromossoma | 染色体 |
| Embrião | 胚胎 |
| Enzima | 酶 |
| Evolução | 进化 |
| Fotossíntese | 光合作用 |
| Hormona | 激素 |
| Mamífero | 哺乳动物 |
| Mutação | 突变 |
| Natural | 自然 |
| Nervo | 神经 |
| Neurônio | 神经元 |
| Osmose | 渗透 |
| Proteína | 蛋白质 |
| Réptil | 爬行动物 |
| Simbiose | 共生 |
| Sinapse | 突触 |

## Caminhada
## 徒步

| | |
|---|---|
| Acampamento | 露营 |
| Animais | 动物 |
| Água | 水 |
| Botas | 靴子 |
| Cansado | 累 |
| Clima | 气候 |
| Guias | 指南 |
| Mapa | 地图 |
| Montanha | 山 |
| Natureza | 大自然 |
| Orientação | 方向 |
| Parques | 公园 |
| Pedras | 石头 |
| Penhasco | 悬崖 |
| Perigos | 危害 |
| Pesado | 重 |
| Preparação | 准备 |
| Selvagem | 荒野 |
| Sol | 太阳 |
| Tempo | 天气 |

## Casa
房子

| | |
|---|---|
| Biblioteca | 图书馆 |
| Cerca | 栅栏 |
| Chaves | 钥匙 |
| Chuveiro | 淋浴 |
| Cortinas | 窗帘 |
| Cozinha | 厨房 |
| Espelho | 镜子 |
| Garagem | 车库 |
| Janela | 窗户 |
| Jardim | 花园 |
| Lareira | 壁炉 |
| Mobiliário | 家具 |
| Parede | 墙 |
| Porta | 门 |
| Quarto | 房间 |
| Sótão | 阁楼 |
| Tapete | 地毯 |
| Teto | 天花板 |
| Torneira | 龙头 |
| Vassoura | 扫帚 |

## Churrascos
烧烤

| | |
|---|---|
| Almoço | 午餐 |
| Amigos | 朋友 |
| Cebolas | 洋葱 |
| Facas | 刀 |
| Família | 家庭 |
| Fome | 饥饿 |
| Frango | 鸡 |
| Fruta | 水果 |
| Grelha | 烧烤 |
| Jantar | 晚餐 |
| Jogos | 游戏 |
| Legumes | 蔬菜 |
| Molho | 酱 |
| Música | 音乐 |
| Pimenta | 胡椒 |
| Quente | 热 |
| Sal | 盐 |
| Saladas | 沙拉 |
| Tomates | 番茄 |
| Verão | 夏天 |

## Cidade
小镇

| | |
|---|---|
| Aeroporto | 机场 |
| Banco | 银行 |
| Biblioteca | 图书馆 |
| Cinema | 电影 |
| Escola | 学校 |
| Estádio | 体育场 |
| Farmácia | 药店 |
| Florista | 花店 |
| Galeria | 画廊 |
| Hotel | 酒店 |
| Jardim Zoológico | 动物园 |
| Livraria | 书店 |
| Mercado | 市场 |
| Museu | 博物馆 |
| Padaria | 面包店 |
| Restaurante | 餐厅 |
| Salão | 沙龙 |
| Supermercado | 超级市场 |
| Teatro | 剧院 |
| Universidade | 大学 |

## Ciência
科学

| | |
|---|---|
| Átomo | 原子 |
| Cientista | 科学家 |
| Clima | 气候 |
| Dados | 数据 |
| Evolução | 进化 |
| Fato | 事实 |
| Física | 物理 |
| Fóssil | 化石 |
| Gravidade | 重力 |
| Hipótese | 假设 |
| Laboratório | 实验室 |
| Método | 方法 |
| Minerais | 矿物 |
| Moléculas | 分子 |
| Natureza | 大自然 |
| Observação | 观察 |
| Organismo | 生物 |
| Partículas | 粒子 |
| Plantas | 植物 |
| Químico | 化学的 |

## Clima
天气

| | |
|---|---|
| Arco-Íris | 彩虹 |
| Atmosfera | 大气 |
| Brisa | 微风 |
| Céu | 天空 |
| Clima | 气候 |
| Furacão | 飓风 |
| Gelo | 冰 |
| Monção | 季风 |
| Nevoeiro | 雾 |
| Nuvem | 云 |
| Polar | 极地 |
| Relâmpago | 闪电 |
| Seca | 干旱 |
| Seco | 干燥 |
| Temperatura | 温度 |
| Tempestade | 风暴 |
| Tornado | 龙卷风 |
| Tropical | 热带 |
| Trovão | 雷声 |
| Vento | 风 |

## Comida # 2
食物 #2

| | |
|---|---|
| Alcachofra | 朝鲜蓟 |
| Amêndoa | 杏仁 |
| Arroz | 米 |
| Banana | 香蕉 |
| Beringela | 茄子 |
| Brócolis | 西兰花 |
| Cereja | 樱桃 |
| Chocolate | 巧克力 |
| Cogumelo | 蘑菇 |
| Frango | 鸡 |
| Iogurte | 酸奶 |
| Kiwi | 猕猴桃 |
| Maçã | 苹果 |
| Ovo | 蛋 |
| Peixe | 鱼 |
| Presunto | 火腿 |
| Queijo | 奶酪 |
| Tomate | 番茄 |
| Trigo | 小麦 |
| Uva | 葡萄 |

## Comida #1
食物 #1

| | |
|---|---|
| Açúcar | 糖 |
| Alho | 大蒜 |
| Amendoim | 花生 |
| Atum | 金枪鱼 |
| Bolo | 蛋糕 |
| Canela | 肉桂 |
| Cebola | 洋葱 |
| Cenoura | 胡萝卜 |
| Cevada | 大麦 |
| Damasco | 杏 |
| Espinafre | 菠菜 |
| Leite | 牛奶 |
| Limão | 柠檬 |
| Manjericão | 罗勒 |
| Morango | 草莓 |
| Nabo | 芜菁 |
| Sal | 盐 |
| Salada | 沙拉 |
| Sopa | 汤 |
| Suco | 果汁 |

## Corpo Humano
人体

| | |
|---|---|
| Boca | 嘴 |
| Cabeça | 头 |
| Cérebro | 脑 |
| Coração | 心 |
| Cotovelo | 肘部 |
| Dedo | 手指 |
| Joelho | 膝盖 |
| Mandíbula | 颚 |
| Mão | 手 |
| Nariz | 鼻子 |
| Olho | 眼睛 |
| Ombro | 肩膀 |
| Orelha | 耳朵 |
| Pele | 皮肤 |
| Perna | 腿 |
| Pescoço | 脖子 |
| Queixo | 下巴 |
| Sangue | 血 |
| Testa | 前额 |
| Tornozelo | 踝 |

## Criatividade
创造力

| | |
|---|---|
| Artístico | 艺术的 |
| Autenticidade | 真实性 |
| Clareza | 明晰 |
| Dramático | 戏剧性 |
| Emoções | 情绪 |
| Espontânea | 自发的 |
| Expressão | 表达 |
| Fluidez | 流动性 |
| Habilidade | 技能 |
| Imagem | 图像 |
| Imaginação | 想象力 |
| Impressão | 印象 |
| Inspiração | 灵感 |
| Intensidade | 强度 |
| Intuição | 直觉 |
| Inventivo | 发明 |
| Sensação | 感觉 |
| Sentimentos | 感情 |
| Visões | 愿景 |
| Vitalidade | 活力 |

## Dança
跳舞

| | |
|---|---|
| Academia | 学院 |
| Alegre | 快乐 |
| Arte | 艺术 |
| Clássico | 古典 |
| Coreografia | 编舞 |
| Corpo | 身体 |
| Cultura | 文化 |
| Emoção | 情感 |
| Expressivo | 富有表现力 |
| Graça | 优雅 |
| Movimento | 运动 |
| Música | 音乐 |
| Parceiro | 伙伴 |
| Postura | 姿势 |
| Ritmo | 节奏 |
| Saltar | 跳 |
| Tradicional | 传统的 |
| Visual | 视觉的 |

## Dias e Meses
天和月

| | |
|---|---|
| Abril | 四月 |
| Agosto | 八月 |
| Ano | 年 |
| Calendário | 日历 |
| Dezembro | 十二月 |
| Domingo | 星期日 |
| Fevereiro | 二月 |
| Janeiro | 一月 |
| Julho | 七月 |
| Junho | 六月 |
| Mês | 月 |
| Novembro | 十一月 |
| Outubro | 十月 |
| Quinta-Feira | 星期四 |
| Sábado | 星期六 |
| Segunda-Feira | 星期一 |
| Semana | 周 |
| Setembro | 九月 |
| Sexta-Feira | 星期五 |
| Terça | 星期二 |

## Diplomacia
外交

| | |
|---|---|
| Cidadãos | 公民 |
| Comunidade | 社区 |
| Conflito | 冲突 |
| Consultor | 顾问 |
| Cooperação | 合作 |
| Diplomático | 外交 |
| Discussão | 讨论 |
| Embaixada | 大使馆 |
| Embaixador | 大使 |
| Ética | 伦理 |
| Governo | 政府 |
| Humanitário | 人道主义 |
| Integridade | 正直 |
| Justiça | 正义 |
| Línguas | 语言 |
| Política | 政治 |
| Resolução | 决议 |
| Segurança | 安全 |
| Solução | 解决方案 |
| Tratado | 条约 |

## Dirigindo
## 驾驶

| | |
|---|---|
| Acidente | 事故 |
| Carro | 汽车 |
| Combustível | 燃料 |
| Cuidado | 警告 |
| Estrada | 路 |
| Freios | 刹车 |
| Garagem | 车库 |
| Gás | 气体 |
| Licença | 执照 |
| Mapa | 地图 |
| Motocicleta | 摩托车 |
| Motor | 马达 |
| Pedestre | 行人 |
| Perigo | 危险 |
| Polícia | 警察 |
| Rua | 街 |
| Segurança | 安全 |
| Transporte | 运输 |
| Tráfego | 交通 |
| Túnel | 隧道 |

## Disciplinas Científicas
## 科学学科

| | |
|---|---|
| Anatomia | 解剖学 |
| Arqueologia | 考古学 |
| Astronomia | 天文学 |
| Biologia | 生物学 |
| Bioquímica | 生物化学 |
| Botânica | 植物学 |
| Cinesiologia | 运动学 |
| Ecologia | 生态学 |
| Fisiologia | 生理学 |
| Geologia | 地质学 |
| Imunologia | 免疫学 |
| Linguística | 语言学 |
| Meteorologia | 气象学 |
| Mineralogia | 矿物学 |
| Neurologia | 神经学 |
| Psicologia | 心理学 |
| Química | 化学 |
| Sociologia | 社会学 |
| Termodinâmica | 热力学 |
| Zoologia | 动物学 |

## Doença
## 疾病

| | |
|---|---|
| Abdominal | 腹部 |
| Agudo | 急性 |
| Alergias | 过敏 |
| Bacteriano | 细菌 |
| Contagioso | 传染性 |
| Coração | 心 |
| Corpo | 身体 |
| Crônica | 慢性 |
| Fraco | 弱 |
| Hereditário | 遗传 |
| Imunidade | 免疫 |
| Inflamação | 炎症 |
| Lombar | 腰椎 |
| Neuropatia | 神经病 |
| Ossos | 骨头 |
| Patógenos | 病原体 |
| Respiratório | 呼吸的 |
| Saúde | 健康 |
| Síndrome | 症状 |
| Terapia | 治疗 |

## Edifícios
## 建筑物

| | |
|---|---|
| Apartamento | 公寓 |
| Castelo | 城堡 |
| Celeiro | 谷仓 |
| Cinema | 电影 |
| Embaixada | 大使馆 |
| Escola | 学校 |
| Estádio | 体育场 |
| Fazenda | 农场 |
| Fábrica | 工厂 |
| Garagem | 车库 |
| Hospital | 医院 |
| Hotel | 酒店 |
| Laboratório | 实验室 |
| Museu | 博物馆 |
| Observatório | 天文台 |
| Supermercado | 超级市场 |
| Teatro | 剧院 |
| Tenda | 帐篷 |
| Torre | 塔 |
| Universidade | 大学 |

## Energia
## 能源

| | |
|---|---|
| Ambiente | 环境 |
| Bateria | 电池 |
| Calor | 热 |
| Carbono | 碳 |
| Combustível | 燃料 |
| Diesel | 柴油 |
| Elétrico | 电 |
| Elétron | 电子 |
| Entropia | 熵 |
| Fóton | 光子 |
| Gasolina | 汽油 |
| Hidrogênio | 氢 |
| Indústria | 工业 |
| Motor | 马达 |
| Nuclear | 核 |
| Poluição | 污染 |
| Renovável | 再生 |
| Sol | 太阳 |
| Turbina | 涡轮 |
| Vento | 风 |

## Engenharia
## 工程

| | |
|---|---|
| Alavancas | 杠杆 |
| Atrito | 摩擦 |
| Ângulo | 角度 |
| Cálculo | 计算 |
| Diagrama | 图表 |
| Diâmetro | 直径 |
| Diesel | 柴油 |
| Distribuição | 分配 |
| Eixo | 轴 |
| Energia | 能源 |
| Estabilidade | 稳定性 |
| Estrutura | 结构 |
| Força | 力量 |
| Líquido | 液体 |
| Máquina | 机器 |
| Medição | 测量 |
| Motor | 马达 |
| Movimento | 运动 |
| Profundidade | 深度 |
| Propulsão | 推进 |

## Especiarias
## 香料

| | |
|---|---|
| Açafrão | 藏红花 |
| Alcaçuz | 甘草 |
| Alho | 大蒜 |
| Amargo | 苦 |
| Azedo | 酸的 |
| Baunilha | 香草 |
| Canela | 肉桂 |
| Cardamomo | 豆蔻 |
| Caril | 咖喱 |
| Cebola | 洋葱 |
| Coentro | 香菜 |
| Cominho | 孜然 |
| Cravo | 丁香 |
| Doce | 甜蜜的 |
| Funcho | 茴香 |
| Gengibre | 姜 |
| Noz-Moscada | 肉豆蔻 |
| Pimenta | 胡椒 |
| Sabor | 味道 |
| Sal | 盐 |

## Esporte
## 运动

| | |
|---|---|
| Atleta | 运动员 |
| Capacidade | 能力 |
| Cardiovascular | 心血管 |
| Ciclismo | 循环 |
| Corpo | 身体 |
| Dançando | 跳舞 |
| Dieta | 饮食 |
| Esportes | 体育 |
| Força | 力量 |
| Jogging | 跑步 |
| Maximizar | 最大化 |
| Metabólico | 代谢 |
| Músculos | 肌肉 |
| Nutrição | 营养 |
| Objetivo | 目标 |
| Ossos | 骨头 |
| Programa | 程序 |
| Resistência | 耐力 |
| Saúde | 健康 |
| Treinador | 教练 |

## Esportes
## 体育

| | |
|---|---|
| Atleta | 运动员 |
| Árbitro | 裁判 |
| Basquete | 篮球 |
| Beisebol | 棒球 |
| Bicicleta | 自行车 |
| Campeonato | 冠军 |
| Equipe | 团队 |
| Estádio | 体育场 |
| Ganhador | 优胜者 |
| Ginásio | 体育馆 |
| Ginástica | 体操 |
| Golfe | 高尔夫球 |
| Hóquei | 曲棍球 |
| Jogador | 播放器 |
| Jogo | 游戏 |
| Movimento | 运动 |
| Tênis | 网球 |
| Treinador | 教练 |

## Ética
## 伦理

| | |
|---|---|
| Altruísmo | 利他主义 |
| Benevolente | 仁慈 |
| Bondade | 善良 |
| Compaixão | 同情 |
| Cooperação | 合作 |
| Dignidade | 尊严 |
| Diplomático | 外交 |
| Filosofia | 哲学 |
| Honestidade | 诚实 |
| Humanidade | 人性 |
| Individualismo | 个人主义 |
| Integridade | 正直 |
| Otimismo | 乐观 |
| Paciência | 耐心 |
| Racionalidade | 理性 |
| Razoável | 合理 |
| Realismo | 现实主义 |
| Respeitoso | 尊敬的 |
| Sabedoria | 智慧 |
| Tolerância | 宽容 |

## Família
## 家庭

| | |
|---|---|
| Antepassado | 祖先 |
| Avó | 祖母 |
| Avô | 祖父 |
| Criança | 孩子 |
| Esposa | 妻子 |
| Filha | 女儿 |
| Infância | 童年 |
| Irmã | 姐姐 |
| Irmão | 兄弟 |
| Marido | 丈夫 |
| Materno | 产妇 |
| Mãe | 母亲 |
| Neto | 孙子 |
| Pai | 父亲 |
| Paterno | 父亲的 |
| Primo | 表哥 |
| Sobrinha | 侄女 |
| Sobrinho | 侄子 |
| Tia | 阿姨 |
| Tio | 叔叔 |

## Fazenda #1
## 农场 #1

| | |
|---|---|
| Abelha | 蜜蜂 |
| Agricultura | 农业 |
| Arroz | 米 |
| Água | 水 |
| Bezerro | 小腿 |
| Burro | 驴 |
| Cabra | 山羊 |
| Campo | 领域 |
| Cavalo | 马 |
| Cão | 狗 |
| Cerca | 栅栏 |
| Corvo | 乌鸦 |
| Feno | 干草 |
| Fertilizante | 肥料 |
| Frango | 鸡 |
| Gato | 猫 |
| Mel | 蜂蜜 |
| Porco | 猪 |
| Rebanho | 羊群 |
| Vaca | 牛 |

## Fazenda #2
## 农场 #2

| Agricultor | 农民 |
|---|---|
| Animais | 动物 |
| Celeiro | 谷仓 |
| Cevada | 大麦 |
| Cordeiro | 羊肉 |
| Fruta | 水果 |
| Ganso | 鹅 |
| Irrigação | 灌溉 |
| Leite | 牛奶 |
| Lhama | 美洲驼 |
| Milho | 玉米 |
| Ovelha | 羊 |
| Pastor | 牧羊人 |
| Pato | 鸭 |
| Pomar | 果园 |
| Prado | 草甸 |
| Trator | 拖拉机 |
| Trigo | 小麦 |
| Vegetal | 蔬菜 |

## Férias #2
## 假期 #2

| Acampamento | 露营 |
|---|---|
| Aeroporto | 机场 |
| Destino | 目的地 |
| Estrangeiro | 外国人 |
| Feriado | 假期 |
| Fotos | 照片 |
| Hotel | 酒店 |
| Ilha | 岛 |
| Lazer | 暇 |
| Mapa | 地图 |
| Mar | 海 |
| Passaporte | 护照 |
| Praia | 海滩 |
| Restaurante | 餐厅 |
| Táxi | 出租车 |
| Tenda | 帐篷 |
| Transporte | 运输 |
| Viagem | 旅程 |
| Visto | 签证 |

## Ficção Científica
## 科幻小说

| Atómico | 原子 |
|---|---|
| Cenário | 场景 |
| Cinema | 电影 |
| Clones | 克隆 |
| Distopia | 反乌托邦 |
| Explosão | 爆炸 |
| Extremo | 极端 |
| Fogo | 火 |
| Futurista | 未来派 |
| Galáxia | 星系 |
| Ilusão | 错觉 |
| Imaginário | 虚构的 |
| Livros | 书籍 |
| Misterioso | 神秘 |
| Mundo | 世界 |
| Oráculo | 甲骨文 |
| Planeta | 行星 |
| Robôs | 机器人 |
| Tecnologia | 技术 |
| Utopia | 乌托邦 |

## Física
## 物理学

| Aceleração | 加速度 |
|---|---|
| Átomo | 原子 |
| Caos | 混乱 |
| Densidade | 密度 |
| Elétron | 电子 |
| Fórmula | 公式 |
| Frequência | 频率 |
| Gás | 气体 |
| Gravidade | 重力 |
| Magnetismo | 磁性 |
| Massa | 质量 |
| Mecânica | 力学 |
| Molécula | 分子 |
| Motor | 引擎 |
| Nuclear | 核 |
| Partícula | 粒子 |
| Químico | 化学的 |
| Relatividade | 相对论 |
| Universal | 普遍的 |
| Velocidade | 速度 |

## Flores
## 鲜花

| Buquê | 花束 |
|---|---|
| Calêndula | 金盏花 |
| Dente-De-Leão | 蒲公英 |
| Gardênia | 栀子花 |
| Girassol | 向日葵 |
| Hibisco | 芙蓉 |
| Jasmim | 茉莉花 |
| Lavanda | 薰衣草 |
| Lírio | 百合 |
| Magnólia | 玉兰 |
| Margarida | 雏菊 |
| Narciso | 水仙花 |
| Orquídea | 兰花 |
| Papoula | 罂粟 |
| Peônia | 牡丹 |
| Pétala | 花瓣 |
| Rosa | 玫瑰 |
| Trevo | 三叶草 |
| Tulipa | 郁金香 |

## Floresta Tropical
## 雨林

| Anfíbios | 两栖动物 |
|---|---|
| Botânico | 植物 |
| Clima | 气候 |
| Comunidade | 社区 |
| Diversidade | 多样性 |
| Espécies | 物种 |
| Insetos | 昆虫 |
| Mamíferos | 哺乳动物 |
| Musgo | 苔藓 |
| Natureza | 大自然 |
| Nuvens | 云 |
| Pássaros | 鸟类 |
| Preservação | 保存 |
| Refúgio | 避难所 |
| Respeito | 尊重 |
| Restauração | 恢复 |
| Selva | 丛林 |
| Sobrevivência | 生存 |
| Valioso | 有价值的 |

## Força e Gravidade
## 力和重力

| | |
|---|---|
| Atrito | 摩擦 |
| Centro | 中央 |
| Descoberta | 发现 |
| Dinâmico | 动态 |
| Distância | 距离 |
| Eixo | 轴 |
| Expansão | 扩张 |
| Física | 物理 |
| Impacto | 影响 |
| Magnetismo | 磁性 |
| Mecânica | 力学 |
| Movimento | 运动 |
| Órbita | 轨道 |
| Peso | 重量 |
| Planetas | 行星 |
| Pressão | 压力 |
| Rapidez | 速度 |
| Tempo | 时间 |
| Universal | 普遍的 |

## Formas
## 形状

| | |
|---|---|
| Arco | 弧 |
| Canto | 角落 |
| Cilindro | 圆筒 |
| Círculo | 圈 |
| Cone | 锥体 |
| Cubo | 立方体 |
| Curva | 曲线 |
| Elipse | 椭圆 |
| Hipérbole | 双曲线 |
| Lado | 边 |
| Linha | 线 |
| Oval | 椭圆形 |
| Pirâmide | 金字塔 |
| Polígono | 多边形 |
| Prisma | 棱镜 |
| Quadrado | 广场 |
| Retângulo | 矩形 |
| Triângulo | 三角形 |

## Frutas
## 水果

| | |
|---|---|
| Abacate | 鳄梨 |
| Abacaxi | 菠萝 |
| Amora | 黑莓 |
| Baga | 浆果 |
| Banana | 香蕉 |
| Cereja | 樱桃 |
| Coco | 椰子 |
| Damasco | 杏 |
| Figo | 无花果 |
| Framboesa | 覆盆子 |
| Kiwi | 猕猴桃 |
| Laranja | 橙色 |
| Limão | 柠檬 |
| Maçã | 苹果 |
| Mamão | 木瓜 |
| Manga | 芒果 |
| Nectarina | 油桃 |
| Pera | 梨 |
| Pêssego | 桃 |
| Uva | 葡萄 |

## Geografia
## 地理

| | |
|---|---|
| Altitude | 高度 |
| Atlas | 地图集 |
| Cidade | 城市 |
| Continente | 大陆 |
| Hemisfério | 半球 |
| Ilha | 岛 |
| Latitude | 纬度 |
| Mapa | 地图 |
| Mar | 海 |
| Meridiano | 子午线 |
| Montanha | 山 |
| Mundo | 世界 |
| Norte | 北 |
| Oceano | 海洋 |
| Oeste | 西 |
| País | 国家 |
| Região | 地区 |
| Rio | 河 |
| Sul | 南 |
| Território | 领土 |

## Geologia
## 地质学

| | |
|---|---|
| Ácido | 酸 |
| Camada | 层 |
| Caverna | 洞穴 |
| Cálcio | 钙 |
| Continente | 大陆 |
| Coral | 珊瑚 |
| Cristais | 水晶 |
| Erosão | 侵蚀 |
| Estalactite | 钟乳石 |
| Estalagmites | 石笋 |
| Fóssil | 化石 |
| Lava | 熔岩 |
| Minerais | 矿物 |
| Pedra | 石头 |
| Platô | 高原 |
| Quartzo | 石英 |
| Sal | 盐 |
| Terremoto | 地震 |
| Vulcão | 火山 |
| Zona | 区 |

## Geometria
## 几何

| | |
|---|---|
| Altura | 高度 |
| Ângulo | 角度 |
| Cálculo | 计算 |
| Círculo | 圈 |
| Curva | 曲线 |
| Diâmetro | 直径 |
| Dimensão | 尺寸 |
| Equação | 方程 |
| Horizontal | 水平 |
| Lógica | 逻辑 |
| Massa | 质量 |
| Mediana | 中位数 |
| Paralelo | 平行 |
| Proporção | 比例 |
| Segmento | 段 |
| Simetria | 对称 |
| Superfície | 表面 |
| Teoria | 理论 |
| Triângulo | 三角形 |
| Vertical | 垂直 |

## Governo
## 政府

| | |
|---|---|
| Cidadania | 公民身份 |
| Civil | 民事 |
| Constituição | 宪法 |
| Democracia | 民主 |
| Discurso | 演讲 |
| Discussão | 讨论 |
| Dissidência | 异议 |
| Distrito | 区 |
| Estado | 状态 |
| Igualdade | 平等 |
| Independência | 独立 |
| Judicial | 司法 |
| Justiça | 正义 |
| Lei | 法律 |
| Liberdade | 自由 |
| Monumento | 纪念碑 |
| Nação | 国家 |
| Pacífico | 和平 |
| Política | 政治 |
| Símbolo | 象征 |

## Herbalismo
## 草药学

| | |
|---|---|
| Açafrão | 藏红花 |
| Alecrim | 迷迭香 |
| Alho | 大蒜 |
| Aromático | 芳香 |
| Benéfico | 有益的 |
| Coentro | 香菜 |
| Estragão | 龙蒿 |
| Flor | 花 |
| Funcho | 茴香 |
| Ingrediente | 成分 |
| Jardim | 花园 |
| Lavanda | 薰衣草 |
| Manjericão | 罗勒 |
| Manjerona | 马郁兰 |
| Planta | 植物 |
| Qualidade | 质量 |
| Sabor | 味道 |
| Salsa | 香菜 |
| Tomilho | 百里香 |
| Verde | 绿色 |

## Insetos
## 昆虫

| | |
|---|---|
| Abelha | 蜜蜂 |
| Barata | 蟑螂 |
| Besouro | 甲虫 |
| Borboleta | 蝴蝶 |
| Cigarra | 蝉 |
| Cupim | 白蚁 |
| Formiga | 蚂蚁 |
| Gafanhoto | 蚱蜢 |
| Joaninha | 瓢虫 |
| Larva | 幼虫 |
| Libélula | 蜻蜓 |
| Louva-A-Deus | 螳螂 |
| Mariposa | 蛾 |
| Minhoca | 蠕虫 |
| Mosquito | 蚊子 |
| Pulga | 跳蚤 |
| Pulgão | 蚜 |
| Vespa | 黄蜂 |

## Instrumentos Musicais
## 乐器

| | |
|---|---|
| Bandolim | 曼陀林 |
| Banjo | 班卓琴 |
| Clarinete | 单簧管 |
| Fagote | 巴松管 |
| Flauta | 长笛 |
| Gaita | 口琴 |
| Gongo | 锣 |
| Harpa | 竖琴 |
| Marimba | 马林巴 |
| Oboé | 双簧管 |
| Pandeiro | 铃鼓 |
| Percussão | 打击乐器 |
| Piano | 钢琴 |
| Saxofone | 萨克斯管 |
| Tambor | 鼓 |
| Trombone | 长号 |
| Trompete | 喇叭 |
| Violão | 吉他 |
| Violino | 小提琴 |
| Violoncelo | 大提琴 |

## Jardim
## 花园

| | |
|---|---|
| Ancinho | 耙 |
| Arbusto | 灌木 |
| Árvore | 树 |
| Cerca | 栅栏 |
| Ervas Daninhas | 杂草 |
| Flor | 花 |
| Garagem | 车库 |
| Grama | 草 |
| Gramado | 草坪 |
| Jardim | 花园 |
| Lagoa | 池塘 |
| Maca | 吊床 |
| Mangueira | 软管 |
| Pá | 铲 |
| Pomar | 果园 |
| Solo | 土壤 |
| Terraço | 平台 |
| Trampolim | 蹦床 |
| Varanda | 门廊 |

## Jardinagem
## 园艺

| | |
|---|---|
| Água | 水 |
| Botânico | 植物 |
| Buquê | 花束 |
| Clima | 气候 |
| Comestível | 食用 |
| Composto | 堆肥 |
| Espécies | 物种 |
| Exótico | 异国情调 |
| Flor | 开花 |
| Floral | 花的 |
| Folha | 叶 |
| Folhagem | 树叶 |
| Mangueira | 软管 |
| Pomar | 果园 |
| Recipiente | 容器 |
| Sazonal | 季节性 |
| Sementes | 种子 |
| Solo | 土壤 |
| Sujeira | 污垢 |
| Umidade | 水分 |

## Jazz
## 爵士乐

| | |
|---|---|
| Artista | 艺术家 |
| Álbum | 专辑 |
| Bateria | 鼓 |
| Canção | 歌曲 |
| Composição | 组成 |
| Compositor | 作曲家 |
| Concerto | 音乐会 |
| Estilo | 风格 |
| Ênfase | 重点 |
| Famoso | 著名的 |
| Gênero | 类型 |
| Improvisação | 即兴创作 |
| Influências | 影响 |
| Música | 音乐 |
| Novo | 新的 |
| Orquestra | 管弦乐队 |
| Ritmo | 节奏 |
| Talento | 人才 |
| Técnica | 技术 |
| Velho | 老 |

## Literatura
## 文学

| | |
|---|---|
| Analogia | 类比 |
| Análise | 分析 |
| Anedota | 轶事 |
| Autor | 作者 |
| Biografia | 传记 |
| Comparação | 比较 |
| Conclusão | 结论 |
| Descrição | 描述 |
| Diálogo | 对话 |
| Estilo | 风格 |
| Ficção | 小说 |
| Metáfora | 隐喻 |
| Narrador | 旁白 |
| Opinião | 意见 |
| Poema | 诗 |
| Poético | 诗意 |
| Rima | 韵 |
| Ritmo | 节奏 |
| Tema | 主题 |
| Tragédia | 悲剧 |

## Livros
## 书籍

| | |
|---|---|
| Autor | 作者 |
| Aventura | 冒险 |
| Coleção | 收藏 |
| Contexto | 上下文 |
| Dualidade | 二元性 |
| Escrito | 书面的 |
| Épico | 史诗 |
| História | 故事 |
| Histórico | 历史的 |
| Inventivo | 发明 |
| Leitor | 读者 |
| Literário | 文学 |
| Narrador | 旁白 |
| Página | 页 |
| Poema | 诗 |
| Poesia | 诗歌 |
| Relevante | 相关的 |
| Romance | 小说 |
| Série | 系列 |
| Trágico | 悲剧 |

## Mamíferos
## 哺乳动物

| | |
|---|---|
| Baleia | 鲸 |
| Camelo | 骆驼 |
| Canguru | 袋鼠 |
| Castor | 海狸 |
| Cavalo | 马 |
| Cão | 狗 |
| Coelho | 兔子 |
| Coiote | 郊狼 |
| Elefante | 大象 |
| Gato | 猫 |
| Girafa | 长颈鹿 |
| Golfinho | 海豚 |
| Gorila | 大猩猩 |
| Leão | 狮子 |
| Lobo | 狼 |
| Macaco | 猴子 |
| Ovelha | 羊 |
| Raposa | 狐狸 |
| Touro | 公牛 |
| Zebra | 斑马 |

## Matemática
## 数学

| | |
|---|---|
| Aritmética | 算术 |
| Ângulos | 角度 |
| Circunferência | 周长 |
| Decimal | 十进制 |
| Diâmetro | 直径 |
| Equação | 方程 |
| Expoente | 指数 |
| Fração | 分数 |
| Geometria | 几何学 |
| Paralelo | 平行 |
| Paralelogramo | 平行四边形 |
| Perpendicular | 垂直 |
| Polígono | 多边形 |
| Quadrado | 广场 |
| Raio | 半径 |
| Retângulo | 矩形 |
| Simetria | 对称 |
| Soma | 和 |
| Triângulo | 三角形 |
| Volume | 卷 |

## Material de Arte
## 美术用品

| | |
|---|---|
| Acrílico | 丙烯酸纤维 |
| Apagador | 橡皮 |
| Aquarelas | 水彩 |
| Argila | 黏土 |
| Água | 水 |
| Cadeira | 椅子 |
| Carvão | 木炭 |
| Cavalete | 画架 |
| Câmera | 照相机 |
| Cola | 胶水 |
| Cores | 颜色 |
| Criatividade | 创造力 |
| Escovas | 刷子 |
| Lápis | 铅笔 |
| Mesa | 桌子 |
| Óleo | 油 |
| Papel | 纸 |
| Pastels | 粉彩 |
| Tinta | 墨水 |
| Tintas | 油漆 |

## Medições
测量

| | |
|---|---|
| Altura | 高度 |
| Byte | 字节 |
| Centímetro | 厘米 |
| Comprimento | 长度 |
| Decimal | 十进制 |
| Grama | 克 |
| Largura | 宽度 |
| Litro | 升 |
| Massa | 质量 |
| Metro | 米 |
| Minuto | 分钟 |
| Onça | 盎司 |
| Peso | 重量 |
| Polegada | 英寸 |
| Profundidade | 深度 |
| Quarto | 夸脱 |
| Quilograma | 公斤 |
| Quilômetro | 公里 |
| Tonelada | 吨 |
| Volume | 卷 |

## Meditação
冥想

| | |
|---|---|
| Aceitação | 接受 |
| Acordado | 醒 |
| Bondade | 善良 |
| Calmo | 平静 |
| Clareza | 明晰 |
| Compaixão | 同情 |
| Emoções | 情绪 |
| Felicidade | 幸福 |
| Gratidão | 感激 |
| Hábitos | 习惯 |
| Mental | 心理 |
| Movimento | 运动 |
| Música | 音乐 |
| Natureza | 大自然 |
| Observação | 观察 |
| Paz | 和平 |
| Perspectiva | 透视 |
| Postura | 姿势 |
| Respirando | 呼吸 |
| Silêncio | 沉默 |

## Mitologia
神话

| | |
|---|---|
| Arquétipo | 原型 |
| Ciúmes | 嫉妒 |
| Comportamento | 行为 |
| Criação | 创造 |
| Criatura | 生物 |
| Cultura | 文化 |
| Desastre | 灾难 |
| Força | 力量 |
| Guerreiro | 战士 |
| Heroína | 女主角 |
| Herói | 英雄 |
| Imortalidade | 不朽 |
| Labirinto | 迷宫 |
| Lenda | 传说 |
| Mágico | 神奇 |
| Monstro | 怪物 |
| Mortal | 凡人 |
| Relâmpago | 闪电 |
| Trovão | 雷 |
| Vingança | 复仇 |

## Música
音乐

| | |
|---|---|
| Álbum | 专辑 |
| Balada | 民谣 |
| Cantar | 唱 |
| Cantor | 歌手 |
| Clássico | 古典 |
| Coro | 合唱 |
| Gravação | 录音 |
| Harmonia | 和谐 |
| Improvisar | 凑合 |
| Instrumento | 仪器 |
| Lírico | 抒情 |
| Melodia | 旋律 |
| Microfone | 麦克风 |
| Musical | 音乐剧 |
| Músico | 音乐家 |
| Ópera | 歌剧 |
| Poético | 诗意 |
| Ritmo | 节奏 |
| Tempo | 速度 |
| Vocal | 声乐 |

## Natureza
大自然

| | |
|---|---|
| Abelhas | 蜜蜂 |
| Abrigo | 庇护所 |
| Animais | 动物 |
| Ártico | 北极 |
| Beleza | 美 |
| Deserto | 沙漠 |
| Dinâmico | 动态 |
| Erosão | 侵蚀 |
| Floresta | 森林 |
| Folhagem | 树叶 |
| Geleira | 冰川 |
| Nevoeiro | 雾 |
| Nuvens | 云 |
| Pacífico | 和平 |
| Rio | 河 |
| Santuário | 避难所 |
| Selvagem | 荒野 |
| Sereno | 宁静 |
| Tropical | 热带 |
| Vital | 重要的 |

## Negócios
商业

| | |
|---|---|
| Carreira | 职业生涯 |
| Custo | 成本 |
| Desconto | 折扣 |
| Dinheiro | 钱 |
| Economia | 经济学 |
| Empregado | 员工 |
| Empregador | 雇主 |
| Empresa | 公司 |
| Escritório | 办公室 |
| Fábrica | 工厂 |
| Finança | 金融 |
| Impostos | 税 |
| Investimento | 投资 |
| Loja | 商店 |
| Lucro | 利润 |
| Mercadoria | 商品 |
| Moeda | 货币 |
| Orçamento | 预算 |
| Rendimento | 收入 |
| Venda | 销售 |

## Nutrição
## 营养

| | |
|---|---|
| Amargo | 苦 |
| Apetite | 食欲 |
| Calorias | 卡路里 |
| Carboidratos | 碳水化合物 |
| Comestível | 食用 |
| Dieta | 饮食 |
| Digestão | 消化 |
| Equilibrado | 平衡的 |
| Fermentação | 发酵 |
| Líquidos | 液体 |
| Molho | 酱 |
| Nutriente | 养分 |
| Peso | 重量 |
| Porção | 部分 |
| Proteínas | 蛋白质 |
| Qualidade | 质量 |
| Sabor | 味道 |
| Saúde | 健康 |
| Toxina | 毒素 |
| Vitamina | 维生素 |

## Números
## 数字

| | |
|---|---|
| Cinco | 五 |
| Decimal | 十进制 |
| Dez | 十 |
| Dezesseis | 十六 |
| Dezessete | 十七 |
| Dezoito | 十八 |
| Dois | 二 |
| Doze | 十二 |
| Nove | 九 |
| Oito | 八 |
| Quatorze | 十四 |
| Quatro | 四 |
| Quinze | 十五 |
| Seis | 六 |
| Sete | 七 |
| Treze | 十三 |
| Três | 三 |
| Um | 一 |
| Vinte | 二十 |
| Zero | 零 |

## Oceano
## 海洋

| | |
|---|---|
| Alga | 藻类 |
| Atum | 金枪鱼 |
| Baleia | 鲸 |
| Barco | 船 |
| Camarão | 虾 |
| Caranguejo | 螃蟹 |
| Coral | 珊瑚 |
| Enguia | 鳗鱼 |
| Esponja | 海绵 |
| Golfinho | 海豚 |
| Marés | 潮汐 |
| Medusa | 海蜇 |
| Ostra | 牡蛎 |
| Peixe | 鱼 |
| Polvo | 章鱼 |
| Recife | 礁 |
| Sal | 盐 |
| Tartaruga | 乌龟 |
| Tempestade | 风暴 |
| Tubarão | 鲨鱼 |

## Paisagens
## 景观

| | |
|---|---|
| Cascata | 瀑布 |
| Caverna | 洞穴 |
| Deserto | 沙漠 |
| Estuário | 河口 |
| Geleira | 冰川 |
| Golfo | 海湾 |
| Iceberg | 冰山 |
| Ilha | 岛 |
| Lago | 湖 |
| Mar | 海 |
| Montanha | 山 |
| Oásis | 绿洲 |
| Oceano | 海洋 |
| Pântano | 沼泽 |
| Península | 半岛 |
| Praia | 海滩 |
| Rio | 河 |
| Tundra | 苔原 |
| Vale | 山谷 |
| Vulcão | 火山 |

## Países #1
## 国家 #1

| | |
|---|---|
| Alemanha | 德国 |
| Brasil | 巴西 |
| Camboja | 柬埔寨 |
| Canadá | 加拿大 |
| Egito | 埃及 |
| Equador | 厄瓜多尔 |
| Espanha | 西班牙 |
| Finlândia | 芬兰 |
| Iraque | 伊拉克 |
| Israel | 以色列 |
| Itália | 意大利 |
| Índia | 印度 |
| Mali | 马里 |
| Marrocos | 摩洛哥 |
| Nicarágua | 尼加拉瓜 |
| Noruega | 挪威 |
| Panamá | 巴拿马 |
| Polônia | 波兰 |
| Senegal | 塞内加尔 |
| Venezuela | 委内瑞拉 |

## Países #2
## 国家 #2

| | |
|---|---|
| Albânia | 阿尔巴尼亚 |
| Dinamarca | 丹麦 |
| França | 法国 |
| Grécia | 希腊 |
| Haiti | 海地 |
| Indonésia | 印度尼西亚 |
| Irlanda | 爱尔兰 |
| Jamaica | 牙买加 |
| Japão | 日本 |
| Laos | 老挝 |
| Líbano | 黎巴嫩 |
| México | 墨西哥 |
| Nepal | 尼泊尔 |
| Nigéria | 尼日利亚 |
| Paquistão | 巴基斯坦 |
| Rússia | 俄罗斯 |
| Síria | 叙利亚 |
| Somália | 索马里 |
| Ucrânia | 乌克兰 |
| Uganda | 乌干达 |

## Pássaros
鸟类

| | |
|---|---|
| Avestruz | 鸵鸟 |
| Águia | 鹰 |
| Cegonha | 鹳 |
| Cisne | 天鹅 |
| Corvo | 乌鸦 |
| Cuco | 杜鹃 |
| Flamingo | 火烈鸟 |
| Frango | 鸡 |
| Gaivota | 鸥 |
| Ganso | 鹅 |
| Garça | 苍鹭 |
| Ovo | 蛋 |
| Papagaio | 鹦鹉 |
| Pardal | 麻雀 |
| Pato | 鸭 |
| Pavão | 孔雀 |
| Pelicano | 鹈鹕 |
| Pinguim | 企鹅 |
| Pombo | 鸽子 |
| Tucano | 巨嘴鸟 |

## Plantas
植物

| | |
|---|---|
| Arbusto | 灌木 |
| Árvore | 树 |
| Baga | 浆果 |
| Bambu | 竹子 |
| Botânica | 植物学 |
| Cacto | 仙人掌 |
| Erva | 草本植物 |
| Feijão | 豆 |
| Fertilizante | 肥料 |
| Flor | 花 |
| Flora | 植物 |
| Floresta | 森林 |
| Folhagem | 树叶 |
| Grama | 草 |
| Hera | 常春藤 |
| Jardim | 花园 |
| Musgo | 苔藓 |
| Pétala | 花瓣 |
| Raiz | 根 |
| Vegetação | 植被 |

## Profissões #1
职业 #1

| | |
|---|---|
| Advogado | 律师 |
| Artista | 艺术家 |
| Astrônomo | 天文学家 |
| Banqueiro | 银行家 |
| Bombeiro | 消防队员 |
| Caçador | 猎人 |
| Cartógrafo | 制图师 |
| Cientista | 科学家 |
| Dançarino | 舞蹈家 |
| Editor | 编辑 |
| Embaixador | 大使 |
| Encanador | 水管工 |
| Enfermeira | 护士 |
| Geólogo | 地质学家 |
| Joalheiro | 珠宝商 |
| Marinheiro | 水手 |
| Músico | 音乐家 |
| Pianista | 钢琴家 |
| Psicólogo | 心理学家 |
| Veterinário | 兽医 |

## Profissões #2
职业 #2

| | |
|---|---|
| Agricultor | 农民 |
| Astronauta | 宇航员 |
| Bibliotecário | 图书管理员 |
| Biólogo | 生物学家 |
| Cirurgião | 外科医生 |
| Dentista | 牙医 |
| Engenheiro | 工程师 |
| Filósofo | 哲学家 |
| Fotógrafo | 摄影师 |
| Ilustrador | 插画家 |
| Inventor | 发明者 |
| Investigador | 研究员 |
| Jardineiro | 园丁 |
| Jornalista | 记者 |
| Linguista | 语言学家 |
| Médico | 医生 |
| Piloto | 飞行员 |
| Pintor | 画家 |
| Professor | 老师 |
| Zoólogo | 动物学家 |

## Psicologia
心理学

| | |
|---|---|
| Avaliação | 评估 |
| Clínico | 临床 |
| Cognição | 认识 |
| Comportamento | 行为 |
| Conflito | 冲突 |
| Ego | 自我 |
| Emoções | 情绪 |
| Experiências | 经验 |
| Inconsciente | 无意识 |
| Infância | 童年 |
| Influências | 影响 |
| Percepção | 感知 |
| Personalidade | 个性 |
| Problema | 问题 |
| Realidade | 现实 |
| Sensação | 感觉 |
| Sonhos | 梦想 |
| Subconsciente | 潜意识 |
| Terapia | 治疗 |

## Química
化学

| | |
|---|---|
| Alcalino | 碱性 |
| Ácido | 酸 |
| Calor | 热 |
| Carbono | 碳 |
| Catalisador | 催化剂 |
| Cloro | 氯 |
| Elementos | 元素 |
| Elétron | 电子 |
| Enzima | 酶 |
| Gás | 气体 |
| Hidrogênio | 氢 |
| Íon | 离子 |
| Líquido | 液体 |
| Molécula | 分子 |
| Nuclear | 核 |
| Orgânico | 有机 |
| Oxigénio | 氧 |
| Peso | 重量 |
| Sal | 盐 |
| Temperatura | 温度 |

## Restaurante # 2
## 餐厅 #2

| | |
|---|---|
| **Almoço** | 午餐 |
| **Aperitivo** | 开胃菜 |
| **Água** | 水 |
| **Bebida** | 饮料 |
| **Bolo** | 蛋糕 |
| **Cadeira** | 椅子 |
| **Colher** | 勺子 |
| **Delicioso** | 美味 |
| **Especiarias** | 香料 |
| **Fruta** | 水果 |
| **Garçom** | 服务员 |
| **Garfo** | 叉子 |
| **Gelo** | 冰 |
| **Jantar** | 晚餐 |
| **Legumes** | 蔬菜 |
| **Macarrão** | 面条 |
| **Peixe** | 鱼 |
| **Sal** | 盐 |
| **Salada** | 沙拉 |
| **Sopa** | 汤 |

## Roupas
## 衣服

| | |
|---|---|
| **Avental** | 围裙 |
| **Calça** | 裤子 |
| **Camisa** | 衬衫 |
| **Casaco** | 外套 |
| **Chapéu** | 帽子 |
| **Cinto** | 带 |
| **Colar** | 项链 |
| **Jaqueta** | 夹克 |
| **Jeans** | 牛仔裤 |
| **Lenço** | 围巾 |
| **Luvas** | 手套 |
| **Meias** | 袜子 |
| **Moda** | 时尚 |
| **Pijama** | 睡衣 |
| **Pulseira** | 手镯 |
| **Saia** | 短裙 |
| **Sandálias** | 凉鞋 |
| **Sapato** | 鞋 |
| **Suéter** | 毛衣 |
| **Vestido** | 连衣裙 |

## Saúde e Bem-Estar #1
## 健康和保健 #1

| | |
|---|---|
| **Altura** | 高度 |
| **Bactérias** | 细菌 |
| **Clínica** | 诊所 |
| **Doutor** | 医生 |
| **Farmácia** | 药店 |
| **Fome** | 饥饿 |
| **Fratura** | 断裂 |
| **Hábito** | 习惯 |
| **Hormones** | 激素 |
| **Medicina** | 药 |
| **Músculos** | 肌肉 |
| **Nervos** | 神经 |
| **Ossos** | 骨头 |
| **Pele** | 皮肤 |
| **Postura** | 姿势 |
| **Reflexo** | 反射 |
| **Relaxamento** | 放松 |
| **Suplementos** | 补充剂 |
| **Tratamento** | 治疗 |
| **Vírus** | 病毒 |

## Saúde e Bem-Estar #2
## 健康和保健 #2

| | |
|---|---|
| **Alergia** | 过敏 |
| **Anatomia** | 解剖学 |
| **Apetite** | 食欲 |
| **Caloria** | 卡路里 |
| **Corpo** | 身体 |
| **Dieta** | 饮食 |
| **Digestão** | 消化 |
| **Doença** | 疾病 |
| **Energia** | 能源 |
| **Genética** | 遗传学 |
| **Higiene** | 卫生 |
| **Hospital** | 医院 |
| **Humor** | 心情 |
| **Infecção** | 感染 |
| **Massagem** | 按摩 |
| **Peso** | 重量 |
| **Recuperação** | 恢复 |
| **Sangue** | 血 |
| **Saudável** | 健康 |
| **Vitamina** | 维生素 |

## Tecnologia
## 技术

| | |
|---|---|
| **Arquivo** | 文件 |
| **Blog** | 博客 |
| **Bytes** | 字节 |
| **Câmera** | 照相机 |
| **Computador** | 电脑 |
| **Cursor** | 光标 |
| **Dados** | 数据 |
| **Digital** | 数字 |
| **Estatísticas** | 统计数据 |
| **Fonte** | 字体 |
| **Internet** | 互联网 |
| **Mensagem** | 信息 |
| **Navegador** | 浏览器 |
| **Pesquisa** | 研究 |
| **Segurança** | 安全 |
| **Software** | 软件 |
| **Tela** | 屏幕 |
| **Virtual** | 虚拟 |
| **Vírus** | 病毒 |

## Tempo
## 時間

| | |
|---|---|
| **Agora** | 现在 |
| **Ano** | 年 |
| **Antes** | 以前 |
| **Anual** | 每年 |
| **Calendário** | 日历 |
| **Década** | 十年 |
| **Dia** | 日 |
| **Futuro** | 未来 |
| **Hoje** | 今天 |
| **Hora** | 小时 |
| **Manhã** | 早晨 |
| **Meio-Dia** | 中午 |
| **Mês** | 月 |
| **Minuto** | 分钟 |
| **Momento** | 时刻 |
| **Noite** | 晚上 |
| **Ontem** | 昨天 |
| **Relógio** | 时钟 |
| **Semana** | 周 |
| **Século** | 世纪 |

## Tipos de Cabelo
### 头发类型

| | |
|---|---|
| Branco | 白色 |
| Brilhante | 闪亮的 |
| Cachos | 卷发 |
| Careca | 秃 |
| Cinza | 灰色 |
| Curto | 短 |
| Encaracolado | 卷曲 |
| Fino | 薄 |
| Grosso | 厚 |
| Loiro | 金发 |
| Longo | 长 |
| Marrom | 棕色 |
| Prata | 银 |
| Preto | 黑色 |
| Saudável | 健康 |
| Seco | 干 |
| Suave | 柔软的 |
| Trançado | 编织 |
| Tranças | 辫子 |

## Universo
### 宇宙

| | |
|---|---|
| Asteróide | 小行星 |
| Astronomia | 天文学 |
| Astrônomo | 天文学家 |
| Atmosfera | 大气层 |
| Celestial | 天体 |
| Céu | 天空 |
| Cósmico | 宇宙 |
| Equador | 赤道 |
| Galáxia | 星系 |
| Hemisfério | 半球 |
| Horizonte | 地平线 |
| Latitude | 纬度 |
| Longitude | 经度 |
| Lua | 月亮 |
| Órbita | 轨道 |
| Solar | 太阳的 |
| Solstício | 冬至 |
| Telescópio | 望远镜 |
| Visível | 可见 |
| Zodíaco | 黄道带 |

## Vegetais
### 蔬菜

| | |
|---|---|
| Abóbora | 南瓜 |
| Aipo | 芹菜 |
| Alcachofra | 朝鲜蓟 |
| Alho | 大蒜 |
| Batata | 土豆 |
| Beringela | 茄子 |
| Brócolis | 西兰花 |
| Cebola | 洋葱 |
| Cenoura | 胡萝卜 |
| Chalota | 葱 |
| Cogumelo | 蘑菇 |
| Ervilha | 豌豆 |
| Espinafre | 菠菜 |
| Gengibre | 姜 |
| Nabo | 芜菁 |
| Pepino | 黄瓜 |
| Rabanete | 萝卜 |
| Salada | 沙拉 |
| Salsa | 香菜 |
| Tomate | 番茄 |

## Veículos
### 车辆

| | |
|---|---|
| Ambulância | 救护车 |
| Avião | 飞机 |
| Balsa | 渡轮 |
| Barco | 船 |
| Bicicleta | 自行车 |
| Caminhão | 卡车 |
| Caravana | 大篷车 |
| Carro | 汽车 |
| Foguete | 火箭 |
| Furgão | 货车 |
| Helicóptero | 直升机 |
| Jangada | 筏 |
| Lambreta | 滑板车 |
| Metrô | 地铁 |
| Motor | 马达 |
| Ônibus | 总线 |
| Pneus | 轮胎 |
| Submarino | 潜艇 |
| Táxi | 出租车 |
| Trator | 拖拉机 |

# Parabéns

## Conseguiu!

Esperamos que tenha gostado tanto deste livro como nós gostamos de o desenhar. Esforçamo-nos por criar livros da mais alta qualidade possível.
Esta edição foi concebida para proporcionar uma aprendizagem inteligente, de qualidade e divertida!

Gostou deste livro?

-------

## Um simples pedido

Estes livros existem graças às críticas que publica.
Pode ajudar-nos, deixando agora uma revisão?

Aqui está um pequeno link para
a sua página de revisão:

BestBooksActivity.com/Avaliacoes50

# DESAFIO FINAL!

## Desafio n° 1

Está pronto para o seu jogo grátis? Usamo-los a toda a hora, mas não são tão fáceis de encontrar - aqui estão os **Sinônimos!**

Escreva 5 palavras que encontrou nos puzzles (n° 21, n° 36, n° 76) e tente encontrar 2 sinónimos para cada palavra.

### Escreva 5 palavras de **Puzzle 21**

| Palavras | Sinônimo 1 | Sinônimo 2 |
|---|---|---|
|  |  |  |
|  |  |  |
|  |  |  |
|  |  |  |
|  |  |  |

### Escreva 5 palavras de **Puzzle 36**

| Palavras | Sinônimo 1 | Sinônimo 2 |
|---|---|---|
|  |  |  |
|  |  |  |
|  |  |  |
|  |  |  |
|  |  |  |

### Escreva 5 palavras de **Puzzle 76**

| Palavras | Sinônimo 1 | Sinônimo 2 |
|---|---|---|
|  |  |  |
|  |  |  |
|  |  |  |
|  |  |  |
|  |  |  |

# Desafio n° 2

Agora que já aqueceu, escreva 5 palavras que encontrou nos Puzzles (n° 9, n° 17 e n° 25) e tente encontrar 2 antônimos para cada palavra. Quantos se podem encontrar em 20 minutos?

### Escreva 5 palavras de *Puzzle 9*

| Palavras | Antônimo 1 | Antônimo 2 |
|---|---|---|
|  |  |  |
|  |  |  |
|  |  |  |
|  |  |  |
|  |  |  |

### Escreva 5 palavras de *Puzzle 17*

| Palavras | Antônimo 1 | Antônimo 2 |
|---|---|---|
|  |  |  |
|  |  |  |
|  |  |  |
|  |  |  |
|  |  |  |

### Escreva 5 palavras de *Puzzle 25*

| Palavras | Antônimo 1 | Antônimo 2 |
|---|---|---|
|  |  |  |
|  |  |  |
|  |  |  |
|  |  |  |
|  |  |  |

# Desafio n° 3

Óptimo! Este desafio final não é nada para si.

Pronto para o desafio final? Escolha 10 palavras que tenha descoberto nos diferentes puzzles e escreva-as abaixo.

| | |
|---|---|
| 1. | 6. |
| 2. | 7. |
| 3. | 8. |
| 4. | 9. |
| 5. | 10. |

Agora escreva um texto a pensar numa pessoa, num animal ou num lugar de seu agrado.

*Pode utilizar a última página deste livro como um rascunho.*

## A Sua Composição:

# CADERNO DE NOTAS:

# ATÉ BREVE!

*A equipa Inteira*

# DESCUBRA JOGOS GRATUITOS

**GO**

↓

**BESTACTIVITYBOOKS.COM/FREEGAMES**